基于人才聚集效应的区域协同创新网络研究

王 聪 著

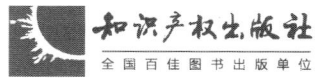

知识产权出版社
全国百佳图书出版单位

图书在版编目（CIP）数据

基于人才聚集效应的区域协同创新网络研究 / 王聪著 . —北京：知识产权出版社，2019.1

ISBN 978–7–5130–5971–8

Ⅰ . ①基… Ⅱ . ①王… Ⅲ . ①高等学校—创新管理—研究—中国 Ⅳ . ① G647

中国版本图书馆 CIP 数据核字（2018）第 264272 号

内容提要

本书主要阐述了人才聚集效应的内涵及特征，通过查阅国内外人才聚集研究的相关文献，选取其中人才聚集效应分析的主要效应特征，创新效应、经济效应、人才成长效应、规模效应、知识溢出效应、信息共享效应和时间效应等，进行分析。

责任编辑：于晓菲　　　　　　　　　　　　责任印制：孙婷婷

基于人才聚集效应的区域协同创新网络研究
JIYU RENCAI JUJI XIAOYING DE QUYU XIETONG CHUANGXIN WANGLUO YANJIU

王　聪　著

出版发行：	知识产权出版社 有限责任公司	网　址：	http : // www.ipph.cn	
电　话：	010–82004826		http : // www.laichushu.com	
社　址：	北京市海淀区气象路 50 号院	邮　编：	100081	
责编电话：	010–82000860 转 8363	责编邮箱：	yuxiaofei@cnipr.com	
发行电话：	010–82000860 转 8101	发行传真：	010–82000893	
印　刷：	北京中献拓方科技发展有限公司	经　销：	各大网上书店、新华书店及相关专业书店	
开　本：	787mm×1000mm　1/16	印　张：	16.25	
版　次：	2019 年 1 月第 1 版	印　次：	2019 年 1 月第 1 次印刷	
字　数：	273 千字	定　价：	68.00 元	

ISBN 978–7–5130–5971–8

出版权专有　侵权必究

如有印装质量问题，本社负责调换。

作者简介

王聪 山西永济人，管理学博士，副教授。

1989年9月至1993年6月，中南财经大学会计系，获经济学学士学位；2001年9月至2004年6月，太原理工大学经济管理学院，获管理学硕士学位；2012年9月至2017年12月，太原理工大学经济管理学院，获管理学博士学位。曾先后参与国家自然科学基金项目、国家社会科学基金项目、教育部人文社会科学基金四项；在《科研管理》《经济问题》《科技进步与对策》等期刊上发表多篇学术论文。主要研究方向为科技创新与知识管理、人力资源管理和财务管理。

本书受国家自然科学基金项目"基于人才聚集的高等院校协同创新机制研究（71473174）"、教育部人文社会科学研究资助规划基金项目"人力资本集聚与经济结构调整的适配性研究（15YJA840014）"和山西省软科学重点研究项目"山西省高等学校协同创新网络连接机制研究（2016042007–1）"资助。

前　言

本书是在博士论文及国家自然科学基金项目"基于人才聚集的高等院校协同创新机制研究（71473174）"、教育部人文社会科学研究资助规划基金项目"人力资本集聚与经济结构调整的适配性研究（15YJA840014）"和山西省软科学重点研究项目"山西省高等学校协同创新网络联结机制研究（2016042007-1）"三个研究报告的基础上修改完成。这项研究成果主要围绕"人才聚集效应与区域协同创新网络的关联关系"展开讨论。

全书内容分为五个部分：第一部分（第1章和第2章）主要阐述的是研究理论与现实背景，主要是提出研究问题，对研究主题的研究动机、研究目的、研究思路与方法进行阐述，论述学术界相关研究进展并进行述评。第二部分（第3章）是本书的核心部分之一，主要阐述了人才聚集效应的内涵及特征，通过查阅国内外人才聚集研究的相关文献，选取其中对人才聚集效应分析的主要效应特征：创新效应、经济效应、人才成长效应、规模效应、知识溢出效应、信息共享效应和时间效应等，以此为基础构建人才聚集效应特征指标体系，收集数据，分析其对经济社会的影响，并对各效应的影响程度进行排序，区分人才聚集效应的不同特征表现对区域经济社会的影响大小，为下文协同创新网络模型构建提供理论基础。第三部分（第 4 章和第 5 章）是本书的又一核心部分，通过系统分析人才聚集效应与区域协同创新网络的内在联系，提出基于人才聚集效应的区域协同创新网络关系模型。第四部分（第 6 章和第 7 章）以山西省为例，运用社会网络分析方法，构建基于人才聚集效应的区域协同创新网络与高等学校协同创新网络。在此基础上，进行整体网络与分类网络分析。第五部分（第 8 章）作为全书的结论及展望，概括总结了本研究的主要结论，提出了相关政策建议，并指明本研究未来的相关研究方向。

本书的主要研究结论如下：

（1）人才聚集效应特征评价的重要性排序由高到低依次是创新效应、信息共享效应、时间效应、规模效应、知识溢出效应、人才成长效应和经济效应。人才聚集的目的是人才资源合理配置与整合，因此，人才聚集效应最直观的体现为创新效应、时间效应、知识溢出效应、人才成长效应和规模效应均是通过创新效应形成的创新成果作用于区域经济发展，产生经济效应，提升区域经济水平。

（2）在人才聚集效应的影响下，多个网络行动者节点在中介机构、金融机构联结形成的资源平台上，通过信息共享、成果转化等行为互动，实现各节点的协同创新效应最大化，推动区域协同创新能力提升。反过来，区域创新能力的提升会通过影响区域经济发展，进一步吸引更高层次人才汇聚，从而形成新的、更高水平的人才聚集效应。因此，人才聚集与区域协同创新网络间相互作用，互相影响，共同形成有效互动、良性循环的有机演进过程。

（3）从整体协同创新网络来看，山西省协同创新整体网络关系处于较弱的集中水平，人才聚集中心化程度较低。山西省各地级市政府较为重视与各创新主体间人才的交流合作，致力于促进地域创新能力的提高，是协同创新网络中的关键主体，与政府的重视程度相比，科研院所之间的创新协同弱化了整个网络创新主体间协同创新的联系。

（4）太原市是区域人才资源聚集的核心地，太原市政府、太原理工大学、山西大学等处于一省之政治经济核心，各自主体内部、组织之间的人才交流与互动频繁，因而拥有较多的结构洞，是其他主体联系的"黄金中介"，处于山西省协同创新网络的核心地位，其他创新主体间紧密度则有待加强。

（5）高校之间以及政府之间更容易形成派系，企业、研究院所和其他创新主体之间相对不容易形成派系，究其原因，高校之间在人才方面更容易形成较大的默契，其紧密交流不仅可以为其发展提供经验，也可以为合作打下基础。政府之间在政策方面自上而下具有一致性，它们之间的紧密联系可以从最大程度上推动区域协同创新网络的发展。而企业、研究院所由于自身领域的不同，在协同创新上受到较大的限制，难以形成联系紧密的派系。

（6）研究型协同创新网络中，创新主体间的人才交流与互动呈现的对立式分布表明：政府对高校及科研院所协同创新的支持力度尚显不足、契合内容较少，人才成长效应和规模效应未充分体现。加之不同创新主体间人才的利益目标不一致，导致研究型协同创新网络中人才的凝聚力明显不足。

（7）应用型协同创新网络中，创新主体间人才交流与互动的包围式分布表明：高校及科研院所科研成果转化率较低，人才间的合作深度不够、合作层次不高，信息未充分共享，知识溢出率低，发展前景不明朗，部分企业在不同利益追求下，单打独斗，尚未与其他创新主体形成紧密合作关系，区域创新效应和经济效应未实现最大化。

本书的创新点体现在以下三个方面：

（1）从人才聚集效应视角研究区域协同创新网络，为协同创新研究提供了新思路。将人才聚集效应和区域协同创新网络研究有效结合起来，便于分析协同创新网络中各主体创新发展中人才要素作用的发挥程度，更准确地掌握区域协同创新网络要素节点的协同关系。

（2）提出人才聚集效应与区域协同创新网络关联关系及作用机理模型。结合人才聚集效应在创新主体间的表现方式及由各创新主体构成的区域协同创新网络，探索人才聚集效应和区域协同创新网络的内在联系，构建人才聚集效应与区域协同创新网络间的作用机理模型。

（3）基于分类视角分析了研究型与应用型协同创新网络的结构状况。从政府与高校及科研院所、企业与高校及科研院所两方面构建协同创新网络，分析研究型与应用型协同创新网络结构状况，从而进一步确定区域协同创新网络中各创新主体的区别与联系。

本书的编写过程中参考了大量的图书资料，在此，对国内外有关学者表示诚挚感谢。

由于作者水平的局限，书中可能存在不足之处，请读者进行批评指正。

王　聪

2018 年 10 月于太原理工大学经济管理学院

目 录

第1章 绪 论 ··· 1
  1.1 选题背景 ··· 1
  1.2 国内外研究状况述评 ··· 4
      1.2.1 人才聚集效应的相关研究现状 ····························· 4
      1.2.2 协同创新网络相关研究现状 ································ 13
      1.2.3 文献述评 ·· 22
  1.3 研究的理论意义及实践应用价值 ································· 24
  1.4 研究的主要内容 ·· 26
  1.5 研究方法 ·· 28
      1.5.1 文献研究法 ·· 29
      1.5.2 定性与定量结合的方法 ····································· 29
      1.5.3 主成分分析法 ·· 29
      1.5.4 社会网络分析方法 ··· 30
  1.6 研究的技术路线 ·· 30

1.7 研究的创新点 ·· 30

第2章 研究的理论基础 ·· 33

　　2.1 人口迁移理论 ·· 33

　　　　2.1.1 推力—拉力理论 ·· 33

　　　　2.1.2 新古典经济学理论 ·· 34

　　　　2.1.3 迁移生态学理论 ·· 35

　　　　2.1.4 其他迁移理论 ··· 36

　　2.2 人力资本理论 ·· 37

　　　　2.2.1 人力资本思想的萌芽 ······································· 37

　　　　2.2.2 人力资本思想的发展 ······································· 38

　　　　2.2.3 人力资本理论体系的形成 ································· 39

　　2.3 创新集群理论 ·· 41

　　　　2.3.1 创新集群内涵 ··· 41

　　　　2.3.2 国家创新系统 ··· 42

　　2.4 协同创新理论 ·· 43

　　2.5 社会网络理论 ·· 44

　　2.6 小结 ··· 46

第3章 人才聚集效应特征分析 ··· 47

　　3.1 人才聚集的内涵及特征 ··· 47

　　　　3.1.1 人才聚集的内涵 ·· 47

　　　　3.1.2 人才聚集的动因分析 ······································· 48

　　　　3.1.3 人才聚集的特征分析 ······································· 50

3.2 人才聚集效应及其特征分析 ·· 51
    3.2.1 人才聚集效应 ··· 51
    3.2.2 人才聚集效应特征分析 ·· 53
3.3 人才聚集效应的主成分分析 ·· 56
    3.3.1 指标体系构建与数据来源 ·· 56
    3.3.2 测量过程 ·· 59
3.4 人才聚集效应特征评价 ··· 74
3.5 小结及阶段性研究成果 ··· 75

第 4 章 人才聚集效应与区域协同创新网络连接机理分析 ··················· 76
4.1 人才聚集效应与区域协同创新网络关系分析 ································ 77
    4.1.1 人才聚集效应理论分析 ·· 77
    4.1.2 协同创新网络理论分析 ·· 78
    4.1.3 人才聚集效应与区域协同创新网络关系分析 ························· 79
4.2 人才聚集与协同创新网络作用机理分析 ···································· 81
    4.2.1 人才聚集各效应在协同创新网络中的作用分析 ······················ 81
    4.2.2 人才聚集效应与区域协同创新网络连接理论模型 ··················· 87
4.3 小结及阶段性研究成果 ··· 88

第 5 章 基于人才聚集的区域协同创新网络模型分析 ·························· 89
5.1 社会网络分析方法的理论分析 ··· 89
5.2 区域协同创新网络数理分析 ·· 91
    5.2.1 地位角色分析 ·· 91
    5.2.2 社会网络表达方法 ··· 94

5.2.3 整体网分析 ································ 95
　　5.2.4 个体网分析 ································ 96
　　5.2.5 凝聚子群分析 ······························ 99
　　5.2.6 核心—边缘结构分析 ······················· 101
　　5.2.7 节点的中心性分析 ·························· 102
5.3 基于人才聚集效应的协同创新网络模型构建 ··········· 104
　　5.3.1 基于人才聚集效应的协同创新主体关系认定 ····· 104
　　5.3.2 人才聚集效应指标在图形和矩阵中的表示 ······· 105
　　5.3.3 基于人才聚集效应的协同创新网络模型算例分析 · 105
5.4 小结及阶段性研究成果 ···························· 108

第6章 基于人才聚集效应的区域协同创新网络实证分析
　　　　　　——以山西省为例 ···························· 109
6.1 网络行动者选择 ································· 109
6.2 数据分析与处理 ································· 112
6.3 基于人才聚集效应的区域协同创新网络结构分析 ······· 113
　　6.3.1 整体网络分析 ······························ 113
　　6.3.2 网络结构洞分析 ···························· 115
　　6.3.3 区域协同创新网络凝聚子群分析 ··············· 119
　　6.3.4 区域协同创新网络核心–边缘结构分析 ·········· 121
　　6.3.5 区域协同创新网络中心性分析 ················· 123
6.4 分类视角下的协同创新网络构建及分析 ··············· 126
　　6.4.1 研究型协同创新网络分析 ····················· 127

目 录

    6.4.2 应用型协同创新网络分析 ·· 129

    6.4.3 研究型与应用型协同创新网络与整体网络特征值

       比较分析 ··· 131

  6.5 小结及阶段性研究成果 ··· 132

第 7 章 基于社会网络分析法的高校协同创新网络研究 ······················· 133

  7.1 基于社会网络分析法的高校协同创新网络构建 ···················· 134

    7.1.1 高校协同创新特征分析 ··· 134

    7.1.2 高校协同创新网络的连接机理分析 ······························ 136

  7.2 山西高校协同创新网络的构建和结构测度 ··························· 138

    7.2.1 山西高校协同创新网络的构建 ····································· 138

    7.2.2 网络整体结构分析 ·· 140

    7.2.3 网络行动者关系分析 ·· 142

  7.3 小结及阶段性研究成果 ··· 145

第 8 章 结论与展望 ··· 147

  8.1 研究结论与对策建议 ·· 147

    8.1.1 研究结论 ··· 147

    8.1.2 对策建议 ··· 149

  8.2 研究不足与展望 ·· 155

    8.2.1 研究不足 ··· 155

    8.2.2 研究展望 ··· 156

参考文献 ··· 158

附　录 171
附录1　社会资本对人才聚集的影响分析 173
附录2　科技环境与科技型人才聚集效应作用机理研究 186
附录3　京津冀协同发展中科技资源配置效率研究——基于超效率DEA-面板Tobit两阶段法 200
附录4　基于人才聚集效应的区域协同创新网络研究 219

后　记 243

第 1 章 绪 论

本章是序章，主要任务是提出问题并对解决问题的方案进行整体描述。首先介绍了当前我国区域协同创新的发展状况及存在的问题；其次介绍了人才聚集效应，分析人才聚集效应与区域协同创新网络研究现状并进行文献述评，为从人才聚集效应角度研究区域协同创新网络奠定了坚实的基础；最后提出本研究安排：包括研究背景，国内外研究状况及述评、研究的理论意义与应用价值、研究内容、研究方法、技术路线与实现的创新点等。

1.1 选题背景

在科技经济高速发展的今天，科技创新对区域经济发展的贡献已经远远超过了物质资本和劳动力这两大传统的生产要素，逐渐成为经济长期持续稳定增长的决定要素。科技创新是一个复杂的过程，我国技术论开创者之一阮德玉教授认为，技术创新过程是技术的过程创新、经济的过程创新和管理的过程创新三者的统一。在这个过程中，往往需要多学科的知识融合与多主体的技术、资金支持。但从我国创新实践来看，政府、高校及科研机构、企业各自为战，单打独斗的创新现状，无法实现资源要素的合理配置和创新要素的优势互补，导致知识创新成果难以形成，研究成果转化能力低下。因此，在当今世界范围内新一轮科技革命兴起之时，围绕我国经济发展目标，促进区域内科技与经济之间、各创新主体之间的互动连接，形成开放的、多角色参与、多因素协同、非线性网络化特征的协同创新系统，推进协同创新能力在区域内外持续累积和动态演进，营造良好的创新生态，是国家创新体系建设与发展的必然要求。

协同创新的主体是人才。人才在人才聚集的组织和平台中，相互交流，共同学习，并相互启发、探讨，通过知识聚合、知识重组和知识激发产生协同创新成果，形成聚集区域的协同创新。协同创新的内驱动力来源于人才，归根结底是聚集地人才的协同创新，与具有一定专业文化知识与职业技术能力的科技型人才之间协作、沟通与交流所产生的聚集效应相关联。那么，一定区域的人才聚集与该区域协同创新网络之间是否存在必然联系呢？基于此，本书将特定区域人才聚集所形成的网络与该区域协同创新过程中所形成的官、产、学、研协同创新网络结构二者连接起来，通过分析其关系，研究人才聚集下的区域协同创新网络，以期为人力资源管理与协同创新理论的研究和实践工作提供借鉴意义。

（1）创新是民族发展的不竭动力

2015年10月25日，习近平在上海浦江创新论坛上，表明了要高度重视国家创新的发展理念，指出"创新是民族发展的不竭动力"，世界各国、不同地域在创新领域中的优、劣势各不相同，但在世界范围内，所有主体期望通过创新来发展本国、本区域的根本目的是一致的。

中国现在的基本国情是：人口多、基础差、经济落后、发展不平衡、现代化水平低；GDP 增长迅速，但贫富差距急剧扩大；资源丰富，但人均资源占有量微不足道；经济增长方式仍然粗放，由此造成的资源、环境、社会压力日益增大。未来相当长的一段时期内，我国都将处于社会主义初级阶段，这些发展的问题，是一个正在崛起的新型大国所面临的挑战。我们没有经验可以借鉴，唯有保持自己的特色、走自主创新型的社会主义道路，方能使中华民族重新焕发青春活力。

"创新是民族的灵魂，是经济发展的引擎"，创新既需要内在驱动，又需要外部推动；既需要充分发挥人民群众的积极性，又需要政府的大力支持；既是科学技术的创新，也是人才和制度的创新；既是市场主体要素的创新，也是国家产业政策的创新。创新要打破传统狭隘的时间、地域观念，敞开怀抱，互相融合、相互促进。

（2）协同创新是一种致力于相互取长补短的智慧行为

协同创新是围绕创新目标，多主体共同协作，多因素相互配合、互补协作的创新行为，是海纳百川的精神凝缩，取长补短，充分发挥各自的优势，弥补各自的劣势，是世界各国创新发展的必由之路。如今中国的改革开放已经进入深水期和攻坚期，如何取得突破性进展，关键在于能否实现全面而有效的改革创新举措。无论是制度创新、人才创新、知识创新，还是科技创新，都必须全面贯彻"协同创新"的理念。在经济全球化的今天，只有协同创新才能解决落后生产力与人民日益增长的物质文化需求之间的矛盾，这是当今中国的具体国情所决定的，也是推动世界经济共同发展的迫切需要。

（3）人才聚集是影响协同创新网络效应的关键因素

协同创新是知识、资源、行为、绩效全面整合的过程，协同创新网络是具有将区域物质资源和知识资源进行合理组合和优化配置并实现创新能力的网状结构系统,该系统是区域创新活动的重要组织形式,是形成创新优势的有效载体。人才所拥有的知识资源和区域内物质资源是协同创新网络的主要构成要素,是协同创新网络形成的基础。而在此过程中,相对于物质资源的区域约束性和时空受限性,知识要素的流动和整合更具有灵活性和能动性。一定程度上讲,知识在协同创新过程中能动地影响着其他创新要素的有效利用程度,是影响协同创新的关键要素。知识的创造主体是人才,人才可以促进创新各要素在相互作用的过程中优势互补、知识共享、技术合作,推动协同创新各要素协调发展。所以,创新理论认为,创新的源动力来自人才,发展区域协同创新,构建合理高效的区域协同创新网络,关键在于具有丰富知识素养的人才的智力支撑和合理分布,核心在于区域协同创新网络中人才聚集产生的协同效应。因此,人才是区域协同创新主体中的核心要素,人才聚集是影响区域协同创新网络形成与发展的关键因素。

1.2 国内外研究状况述评

1.2.1 人才聚集效应的相关研究现状

20世纪90年代以来,作为现代人才学研究的重要领域之一,人才聚集及其产生的聚集效应逐渐引起学者们的关注。人才的流动迁移提高了集聚区域人才的综合素质,进而形成人才聚集效应。人才的交流与合作、协同创新作用于经济运行过程,从而促进了区域经济发展。由此,国外学者在充分认识人力资本集聚对经济发展的重要作用的基础上，对人才聚集的相关理论进行了深入的研究，具体成果聚焦于人才聚集的基本内涵、人才聚集的影响因素、人才聚集效应三个方面。

（1）人才聚集的基本内涵的研究

人才聚集的概念源自产业聚集，是在产业经济要素聚集及其对区域经济发展作用的研究过程中逐渐产生和发展的。Romer 提出人才聚集是聚集经济的前提，尤其是科学技术人员数量和质量等人力资本是经济持续增长的动力[1]。Paul R. Krugman 从地理位置视角，通过构建"中心外围理论"揭示了人才聚集与产业聚集的相生相伴关系[2]。他认为，人才聚集给区域注入新的活力，各类人才协同创新给产业带来新的发展动力，产业的发展又会增加大量的就业机会，吸引更优秀的人才，形成人才聚集与产业集聚间的良性互动和可持续循环发展。Dayuan Hu 等描述了人才聚集的实质和特征，他认为，人才聚集是通过运用高素质人才掌握的新技术、新思维、新信息来实现区域经济的快速发展[3]。卢卡斯指出，人才聚集是人力资本积累的结果，其优势将随着人才会聚过程而愈加显著，通过优化配置区域人力资源使集体智慧得到充分发挥，从而带动区域经济的整体发展[4]。Rogers 认为，人才聚集是由于区域优势引致大量高素质多样化人才的聚集，在分析美国硅谷"凝聚经济效应"的形成条件中，直接决定着区域经济效应的形成方式[5]。

国内学者对人才聚集的研究成果主要侧重于人才聚集的基本概念及相关特征等方面。牛冲槐等对人才聚集效应的内涵进行了界定，即"人才聚集效应是在一定的时空范围内，相关人才在和谐的社会环境下，按照特定的联系集中在一起，所产生的超过各自独立作用的效应"[6]。赵娓定义了人力资本集聚的概念：具有独立自主又相互联系、互相依赖的人力资源集合在一起，利用各自掌握的知识和技能，进行信息交流与知识互动，产生新思想、新技术，从而发挥出整体功能大于部分功能之和的效应[7]。熊莎认为，人才聚集是指符合某些条件的人才集中在一个区域，通过彼此之间交流合作、互相学习提高这一区域的竞争力，形成规模经济，从而促进该地区的发展[8]。张同全和刘思峰的研究均指出，人才集聚是由于人才受到地理环境、经济条件、社会进步等因素影响，从不同区域向某一特定区域流动的一种特殊现象[9,10]。陈学中、孙丽丽在研究高层次人才聚集的基础上，提出了高层次人才集聚的基本内涵，指出高层次人才主要依靠地区收益优势、产业集聚带动、"领头羊"效应和政府优惠政策吸引等形成聚集效应[11]。

综合分析国内外各学者对人才聚集概念的理解和认识，他们都阐释了人才聚集的本质及人才聚集在区域经济发展中发挥的作用，即人才聚集是人口流动的特殊现象，是人才个体在区域地理空间上的聚集行为，从量的聚集发展到质的改变过程，人才聚集最终会产生人才聚集效应。这是人才个体寻求工作、生活最大满意度的必然结果，有利于人才个人成长，也促进了市场经济中人才资源的优化配置。人才在聚集过程中，使得某一地区的人力资本结构更加合理完善，从而进行有效的合作。不同思想的人才在聚集的过程中相互碰撞将产生新观点和新理念，有助于形成协同创新氛围，实现协同创新成果，促进区域经济发展。

（2）人才聚集的影响因素

围绕人才聚集的影响因素，国内外学者进行了广泛深入的研究，并分别从宏观环境、区域发展、组织机构、人才市场、个体发展等多视角、多维度对人才聚集的影响因素进行了系统性分析，其代表性观点阐述如下。

影响区域人才聚集的环境因素很多，从宏观环境角度看，包括政治环境、经济环境、社会环境、文化环境等，同时又涉及组织人才理念、用人机制、激励机制、组织文化等,且各个因素相互联系、互相作用,具有多目标性、多层次性和复杂性等特点[12-14]。Jackson 和 Carr 从心理学的角度提出经济因素、政治因素、职业因素、文化因素和家庭因素是影响人才流动的五种核心因素[15]。Taylor 将获得工作的机会、领导能力的优劣、消费者的认可程度、中间商的情况和潜在的发展空间归为影响人才集聚的五种推动力量[16]。Palivos 等人认为人才集聚的原因有多种,主要包括区域规模经济、区域政府的人才政策、知识的溢出效应、地方公共货物的供应以及地区工资水平等因素[17]。Romer 把影响人才聚集的动因归纳为 6 种——国民收入、规模经济、知识的外溢效应、公共产品的提供和个人可支配收入,并指出可以通过构建计量模型来分析各因素对形成人才聚集的作用程度[18]。

  区域经济发展的差异性也是影响人才聚集的重要因素。Syed Akhta 等将地区间存在经济差异的条件下吸引人才的因素归纳为区域内拥有的人才总量和质量,区域内人才结构与人才交流状况,人才实现的效益,社会文化环境和经济环境等六个因素[19]。Paul R. Krugman 等基于新经济地理学角度提出,企业通过上下游产业链方式的聚集,形成了协同生产的内在动力,从而提升了该区域的人力需求;企业通过提升员工待遇和发展机会,吸引了大量拥有专业知识与技能的专业性人才聚集,形成了以产业聚集为基础的人才聚集现象[20]。此外,Paul R. Krugman 在其《地理和贸易》一书中围绕中心外围模型,在揭示人才聚集现象的基础上,分析了影响人才聚集的行业区位、工业地理特征、劳动力转移规模等因素[21]。他强调,人才聚集物质资本一样,也会受到产业聚集因素的影响,通过流动产生空间上的聚集[22]。Embehin 等通过对区域的产业集群进行实地考察,认为激烈的竞争环境是人才聚集的驱动力,是区域内加速人力资本集中的助推器[23]。Sabourin 和 Pinsonneault 研究了加拿大的高科技产业集群,认为高素质人力资源是推动产业集群竞争力形成和发展的核心要素，产业集群竞争优势的高低反过来影响了高素质人才的聚集[24]。郭丽芳等从区域科技投入的角度探讨对人才聚集效应产生的影响，从科技人才投入、科技基础设施和科技经费等方面提出，科技型人才是山西省最有竞争力的人力资本，在投入的诸多要素中处于主导地位[25]。程桢在区域发展的视域下，总结出人才流动与经济发展之间的联动性是人力资源配置的规律[26]。其研究结论认为，区域环境对人才聚集有引导作用，人才的聚散是诸多环境要素相互联系、相互制约形成的合力，地区经济环境、科技环境等在人才聚集中有着根本性和决定性的作用。

  人才聚集是在一定的组织空间范围内进行的，必然受到组织机构的制约。牛冲槐学者曾以机构组织为切入点，在分析科技型人才聚集与组织冲突消减过程中，着重分析了影响组织冲突的不同类型动因[27]。这些动因实质上也是影响科技型人才聚集的消极因素。Price 和 Taylor 从组织结构视角，总结出了企业人才聚集的影响因素企业融洽性、企业家能力和观念、市场机会、正式化交流、薪资收入、消费者观念、供应者和潜在的竞争优势等[28, 29]。Deery 的研究发现，企业中的管理者与员工之间能否顺畅交流是员工离职与否的重要影响因素之一[30]。Wayne 和 Porter 等人也发现，组织支持与人才离职呈负相关，组织支持感与员工对组织的认同感呈正相关，能降低员工离职的意愿[31-33]。

  唐朝永从人才市场的角度，对人才聚集的影响因素进行了研究。他在分析区域发展从资本聚集到人才聚集的过程中，发现市场在资源配置中的主体地位愈加突出，人才市场也正在发挥着人力资源配置的主导作用[34]。Taylor 认为，人力市场上人才的流动与区域提供机会的多少和个体的发展空间有关，是影响人才聚集结构的核心因素[35]。人才聚集现象的形成是多方因素共同作用的结果，组织对人才的重视程度是根本，区域内人才观念和组织单位合理

第 1 章 绪 论

使用与配置人才的能力是重点，人才市场的状况是保障，共同作用才能促成人才的流动与会集。Procter 和 Scott 等认为，人才聚集可以促进经济体系交易成本和信息成本降低，从而优化人才市场资源配置[35, 37]。王萍、章守明在区域人才集聚策略研究中强调，影响人才聚集存在刚性和柔性两方面的因素[38]。人才管理中应采用以规章制度为中心的刚性管理和以人本为核心的柔性管理相结合的管理模式。

个体发展同样是影响人才聚集的关键因素，王奋、张波等在科技人力资源区域集聚影响因素的实证研究中指出，人才聚集受个人发展、边际收益、家庭、年龄、个人心理等个体特征的制约[39]。人具有社会属性，扮演着不同的角色，因此在选择工作地域过程中会受到这些客观因素的制约，由于信息的不对称性，个人心理也是一个显著的影响因素[40]。Mowday 和 Mossholder 等人的研究主要专注于企业和个人因素在人才聚集中的作用。他们强调影响人才流动的因素主要包括劳动者的年龄、文化程度、薪酬福利、晋升空间等内容[41, 42]。Shapiro 强调人力资源流动量的提升加速了区域人才聚集的速度，人才聚集可以带动更高的区域生产效率，而人才聚集又是人力资源流入的主要原因，人才的流入是由于流入地生活环境质量的提高[43]。

综上可知，人才聚集影响因素可以从宏观层面、微观层面以及对人才聚集有突出影响的某个角度来研究．宏观层面包括经济环境、社会环境、人才市场、基础设施、高校知名度等[44-46]。微观层面从企业角度研究，包括企业性质、企业文化、企业需求等[47-49]。从个人角度研究包括发展现状、家庭、心理、兴趣爱好等。总体而言，人才聚集的影响因素主要取决于聚集地的区域环境、经济状况、市场机会等条件的吸引和人才的追求。同时，人才对经济社会发展水平较高区域的追逐是人才聚集过程中的动力，人才个体会自发地从经济发展相对落后的地区向经济社会发展水平较高的地区迁移，选择最适合自身特点与愿望的生活工作环境[50, 51]。在区域拉力（吸引力）和推力（排斥力）的共同作用下，人才聚集从量变达到质变，形成人才聚集效应，提升区域创新能力，实现科技创新。

（3）人才聚集效应研究

在上述对人才聚集内涵特征、人才聚集的影响因素展开研究的基础上，不少学者开始陆续对人才聚集的结果变量展开进一步探讨。随着世界经济的快速发展，人力资本在经济发展中发挥的作用越来越重要，其关键因素在于人才聚集有益于人力资本优化与组合。人才聚集效应的本质内涵，即在一定的时间、空间范围内，在和谐环境下，某些有利因素促使人才迁移流动，按照某种特定关系集中在一起共同作用，产生超过人才个体独立作用的效应，从而形成区域发展的动力，促进经济社会发展[52, 53]。围绕对人才聚集效应内涵的理解，相关专家分别从人才聚集效应的形成机理、基本类型、测度评价等方面进行了研究。

人才是资本存量比较丰富的人力资源，具有掌握着先进科学技术和管理方式的独特优势，通过聚集可以发挥协同效应，以更好地引导区域的发展[54]。David 在揭示人才聚集现象的过程中，通过构建 SDS 模型分析并进一步指出，人力群体聚集到一定程度时，产生聚集效应，不同个体有明显的差异，他们之间的相互交流、共同合作、优势互补，有助于对区域固有的生产经营模式的改良和创新[55]。Jacobs 在分析城市吸引和组织人才及创造性人群相互作用的机制时，强调了城市发展和区域发展在人才聚集带动生产力提升过程中的驱动作用[56]。Glaeser 等在证实人才对区域经济增长的促进作用的基础上，进一步指出了人才聚集效应对区域经济增长的作用机制。爱德华·劳勒等提出人力资本聚集对地区专业化分工有着重要的影响,并构建人力资本聚集模型,进行了具体分析,强调了 OLG 构架中人力资本聚集效应的产生过程[57, 58]。其结论是,人力资本集聚将吸引更高层次的人才,通过自身所拥有的专业技能聚集形成显著的集合效应,从而显著提升区域的专业化程度。Guthrie 等在分析群体激励与群体绩效的关系时,指出二者存在显著的正向关系,同样暗示了人才聚集效应的存在,并指出适当的激励可以吸引外部人才,挖掘组织现有群体的潜力,产生人才聚集效应,此研究从群体激励的视角阐释了人才聚集效应的形成路径[59]。

李景山等以美国硅谷的人才聚集效应为例进行机理分析,得出生产资料的投入只有通过人才的有效管理才能达到其最初目的[60]。从而阐释了人力资源和物力资源投入之间的关系机制,揭示了聚集效应产生的内在机理。牛冲槐等通过构建结构方程模型进行检验,得出人才聚集是带动区域创新网络主体协调发展和提升创新网络发展水平的关键因素[61]。并在分析国有企业人才聚集效应及其对技术创新影响的过程中,分析了人才聚集效应的形成过程,提出人才聚集与协同创新网络效应的衡量标准。孙健等通过实证研究,说明了不同的区域应采取不同的人才聚集模式,确保区域经济与人才聚集效应相匹配;强调企业性质不同,所采用的人才聚集模式也不同,从而所发挥的效应也不同[62-64]。朱良华、王乐杰等在提出"三位一体"的人才集聚模式基础上,重点强调了该模式所发挥的区域协同创新效应;并依据制造业对不同层次人才需求的特点,提出了制造业人才集聚的不同模式所发挥的不同效应[65, 66]。

关于人才聚集效应基本类型的划分,最具代表性的学者牛冲槐指出,人才聚集效应特征主要表现为创新效应、时间效应、集体学习效应等八方面的效应,并指出所有效应特征中创新效应最为突出[67]。他在划分过程中指出,人才聚集有其经济性和不经济性，人才聚集效应是人才聚集现象由量变到质变的转换，在这一过程中，需要弱化其不经济性，把人才聚集的作用发挥到最大。基于此划分，秦晓芳重点围绕创新效应和知识溢出效应，对两种类型之间的关系进行了探讨，该学者强调创新效应是建立在知识溢出效应基础上的，协调好两者之间的关系则是充分发挥科技人才聚集效应的重要前提[68]。

Romer 在提出人才聚集是聚集经济的前提这一观点基础上，从定性和思辨性视角，对人才聚集效应的评价内容及依据进行了一定的探讨[69]。国内芮雪琴等学者在研究创新网络中的科技人才聚集效应测度及其产生机理过程中，指出创新网络中的知识存量与技能的净增量是科技人才聚集效应的具体体现，是对科技人才聚集效应的测度依据，在形成过程中主要受创新网络中的知识溢出效应、学习效应、激励效应、创新效应等影响，而创新网络中各创新主体间资源的优化配置与协同是区域资源整合的基础[70]。

综上可见，人才聚集的目的是产生人才聚集效应，人才聚集效应有不同的表现特征，不同的表现特征最终均以创新成果来体现并用于以产生创新效应。人才是拥有较高的科学技术和技能的人力资源，是人力资源中最有代表性的群体，在区域要素边际收益差异和自我价值实现等因素的驱动下，会给区域带来 1+1＞2 的经济效应。提升区域人才流入引力，增强区域人力资本集聚，优化区域人才资源配置是促进区域经济发展的重要举措。通过提高劳动者的素质，提升区域经济发展水平，吸引更多的高层次人才聚集，促进人才各自拥有的知识交流，实现资源共享、优势互补，达到整体的功能大于部分功能之和，产生聚集效应，从而派生出新的知识，并经过在创新主体中的创造与应用进而产生区域协同创新效应。

1.2.2 协同创新网络相关研究现状

自美国学者 Ansoff 首次提出协同这一概念,以及 Freeman 提出创新网络后,国内外学者纷纷从不同的角度对协同创新网络的概念、基本结构、运行机制、驱动机理以及演化路径等展开了不同程度的研究。

(1)协同创新网络的概念框架

协同是指不同于复杂开放系统内部的独立组成部分间自发、无规则、无序的运动,它是在资源共享的基础上,通过不间断的物质和信息交换自发地相互影响和相互作用,进行简单汇总而形成的区域创新主体之间的共生互长的关系[71,72]。协同创新即两个或多个不同的主体或资源,为了完成一个共同的目标而协调组织的过程。随着创新驱动发展战略的实施,协同创新在推动区域甚至一个国家发展的过程中的作用日益突出。围绕对协同内涵的理解,国内外学者对协同创新及其网络的内涵、本质和范式等做了大量的基础性研究。根据研究重点的不同,大致可包括行业的协同创新网络和区域的协同创新网络两个方面。

陈劲等指出,协同创新的前范式是协同制造和开放式创新[73]。其中,协同制造是指通过整合当前各种生产制造模式,利用先进信息技术手段、网络手段等,实现供应链彼此之间的精细分工合作。这一创举,打破了传统行业的空间壁垒,通过网络实现企业和合作伙伴共享信息。开放式创新是指内部所有的创新活动,没有清晰严明的边界,边界模糊化,利用关联方的平台,充分发挥自己与他人的创新优势,不断给自主创新带来新的创新模式。杨林等指出,协同创新的本质就是合作后创新,合作各方通过契约关系形成复杂的网络,整合各方主体的资源,实现创新增值,最终目的是整体最优或者共赢[74]。Dosi,Bala 等从企业组织、决策行为、学习能力与营销及组织内外部影响因素相互作用对于技术创新的影响的角度，研究得出合理处理创新各种要素间的关系是提高区域创新效果的关键[75,76]。Porter指出，"下属企业之间的相互关系"可分为有形的、无形的和竞争对手之间的关联三大类，其中的"关联"其实就是"协同"[77]。Kanter指出，多元化公司存在就是要获取更大的协同效应[78]。事实上，正是协同理念为公司实施多元化战略提供了理论基础。多元化战略主要是生产不同性质的产品或服务，跨入新的领域开辟新的市场，其协同效应关键体现为：依靠人才、技术、资金、知识、信息、关系、品牌等资源在不同主体间免费转移，从而优化资源使用效率，减少生产成本，降低市场风险并提高规模效率。

林迎星等认为，区域协同创新网络是创新主体在区域协同创新系统基础上形成的长期的正式与非正式的联系[79]。区域协同创新网络是国家创新系统的基础。一般出于利益考虑，网络创新主体间的联系往往是相对松散的、非正式的，而且可以根据需求随时分解和重新组合。牛冲槐等认为区，域协同创新是区域协调发展的高级阶段，它不是传统意义上的产、学、研一体化，而是指一定区域内的各地区之间通过发挥各自人口、资源、环境等方面优势，提高发展速度、扩大规模、优化结构，最终实现资源共享、优势互补、风险共担和利益共享的复杂系统工程[80-83]。区域内通过产业联动、人才交流、学术合作实现区域系统的不断优化，为区域协同创新网络的发展提供保障[84]。在区域协同创新网络中，各创新主体是独立的、平等的，不受其他创新主体的支配，也不支配其他创新主体。王子龙等进一步强调，网络之间的联系是靠创新主体间的交流合作来维持的，建立在此种基础上的网络使区域协同创新向更开放、更灵活的方向发展，极大地提高了区域协同创新的效率[85]。

从已有研究对协同创新网络的概念认知可以看出，协同创新网络就是参与多方通过有形或无形的交流、合作、学习，发挥各自内外部优势，彼此交叉互补，形成关联方，共同从多个独立的创新主体的混乱无序连接逐步演变成稳定而有序的协同创新过程的一种动态网络系统。在世界新一轮科技革命和产业变革正孕育发展和交互发展的新时期，区域协同创新网络具有其他形式无法比拟的竞争优势。当区域中出现新的强有力的创新主体时，会促进区域协同创新网络中的其他创新主体形成"追赶效应"，更重要的是，不同主体间相互学习、相互交流合作，由此会使区域协同网络中各创新主体的竞争力不断提升。

（2）协同创新网络的基本结构

围绕对协同创新及创新网络概念框架的理解，国内外学者从不同视角对协同创新网络及其构成要素进行深入研究，并取得了阶段性的研究成果。

Hakansson 和 Hadjimanolis 等的研究认为，企业、供应商、研究机构、金融机构、中介机构等构成创新网络的主要关联节点，网络的形成是为了便于知识的交流与学习、信息的传播与流动、创新的整合与优化，网络构成要素包括物质资源、人才知识技术、网络动态互联等[86,87]。Cooke 等提出创新系统的构成要素代表着社会不同资源的分布，企业集群代表着资金的聚集，政府部门代表着规则的制定，大学、科研机构等代表着知识力的创新。如何将知识的创新转化为生产力，便需要各方协同合作[88]。Asheim 和 Pekkarinen 等指出，创新网络主要是由企业和企业之外的研究组织和中介机构这两大类主体及它们之间的互动交流构成[89,90]。创新主体之间通过各自拥有的优势资源转移共享实现协同创新，企业为科研机构提供资金支持和实践基地，其他要素为企业提供技术、知识、信息、人才等要素支撑。在信息知识多元化的背景下，仅靠企业这一单一主体的能力来研发创新，不仅创新成本高，研发周期长，技术成果也难以转化为生产力，而且单一主体拥有的资源有限，无法弥补其在创新过程中的短板，需要异质参与者嵌入网络，实现优势互补，构建真正的产、学、研结合的创新网络。

Henry Etzkowitz 认为，区域协同创新网络的主体是大学、企业和政府，区域创新价值的大小由学术界、政府和企业相互作用的程度决定[91]。Henry Etzkowitz 认为，在区域协同创新网络中，存在多个创新主体，它们之间的沟通合作对于区域协同创新网络的高效运行有着至关重要的作用[92]。在这些创新主体中，大学、企业和政府是区域协同创新网络的三个最重要的主体，三者在知识创新链、技术创新链和制度创新链上形成三螺旋的非线性协同互动机制。Cooke 在其编著的《区域创新系统：在全球化世界中治理的作用》一书中，重点剖析了区域协同创新网络系统中的各个创新主体及其要素，并对有关区域创新系统的影响因素进行了系统分析，结论认为社会经济文化环境也是构成区域创新系统的重要组成部分[93]。国内学者张秀萍等指出，大学、企业、政府三方通过互相交叠，聚集知识技术和人才，能有效克服单一组织资源方面的劣势，从而有利于资源的充分利用[94]。景俊海认为，科技工业园的发展在于政府，工商企业界、大学科技界、企业孵化器及投融资机构共同作用[95]。其中，企业孵化器可以促进科技园区创新体系的形成，而投融资机构能为区域协同创新网络提供资金保障。张忠德提出了"高新区发展的五元互动理论"[96]。官、产、学、金、孵五类主体通过互相交流形成开放式的网络系统，主体之间通过自身联合，对整个区域协同创新网络产生影响。

　　从协同创新网络结构要素视角来看，所谓的网络就是各个节点的相互联系，而这些不同的节点代表不同的资源，这些资源的来源是社会各界，有企业、政府、技术机构、高校、投资者、孵化器等，通过一定的规则和结构，将不同的资源混合在一起，经历动态的组合后，逐渐稳定形成一个以创新为核心的协同合作网。但由于我国尚处于经济转型期，大的创新环境尚未成熟，对于区域协同创新领域的研究，尚且停留在小规模环境下的创新模式。因此，本研究的区域协同创新网络主要以省域内政府、企业、高校及科研机构，金融机构及中介机构四类创新主体为研究对象，分析各类创新主体在区域协同创新网络的发展中所发挥的作用。

需要指出的是，在我国，金融机构和中介机构在区域协同创新网络中虽然能起到一定的基础服务功效，但目前仍不具备作为区域协同创新网络重要创新主体的条件与环境，因此，本书在研究协同创新网络的模式及机制时，将政府、企业、高校及科研机构作为协同创新主体的基本类型进行重点研究，将金融机构和中介机构作为协同创新网络的辅助要素，在协同创新网络平台构建中加以考虑。

（3）协同创新网络的运行机制

关于协同创新网络的运行机制，国内外的专家学者主要从协同合作机制、集群激励机制、集群决策机制、信息扩散机制等方面进行了研究。

Ying Liu 研究了生产性服务业与制造业之间的协同创新，包括其子系统和系统环境[97]。在两个行业相互作用和协同作用的过程中，系统内部各要素需要共同协作才能实现企业本身无法完成的整体创新，并指出每个系统元件需要保持足够的开放度和对环境的敏感性，抓住创新机会，优化秩序和积极反馈，才能增强协同创新者的动态调整和适应能力。Fiaz 强调了中国高校与高新技术企业之间的协同创新运作模式[98]。该学者的结论指出，大学和产业联盟通过研究与开发协作的形式展开合作，有利于中小企业降低公司研发成本并获得更大的竞争力。而且政府也在加大对这种战略联盟关系的支持力度，并且建立了各种研究机构。范群林等认为，创新来源于不同知识主体之间的互动，充分掌握企业的协同创新网络形成机制，是企业同其他创新主体获取异质的知识技能，提升自身竞争力的重要前提[99]。当前，我国处于经济转型期，协同创新网络的特点表现为既开放又封闭。陈元志强调,组织系统内协同创新与组织系统间协同创新,均需要协同创新系统中各创新主体的合作期望达成一致[100],并在打破封闭式的协同创新范式的基础上,逐渐形成渐进式的、开放式的创新模式。不同的发展阶段采用不同的协同创新合作模式,科学地将技术产业化,进而探讨在开放式的创新环境下资源整合和跨组织的协同创新网络化。

Xie 等在探讨集群创新内在机制的过程中指出,企业有效地将中小企业的创新活力与集群协同创新规模经济相结合,能够促进中小企业产业集群获得创新优势[101]。Tang 在协同创新研究中,通过设计激励合同的机制,研究分析了激励合同在集群联盟企业中的作用[102]。企业在集群创新网络内运行的过程中,只有当激励机制考虑周到、报酬参数科学合理,才能最大限度地激发企业联盟成员的创新积极性,同时抑制道德风险,实现各成员方利益的最大化。此外,企业集群也可以通过权利激励机制等达到激励效果。王帮俊等明确指出产、学、研协同创新网络在明确各网络节点的作用定位前提下,以信任为基础的连接机制,能够激励集群间进行有效信息传递,从而提升创新绩效,同时降低不同单位的合作成本,以保证协同信息的高效、高质、低失误率[103]。

Shi 等以创新集群为主,对战略性新兴产业构建创新集群的方法进行了研究分析,提出了创新集群操作系统模型,包括一个中心环节和四个支持机制,同时指出创新集成模型与政府、生产、学校、金融、法律等创新资源紧密耦合,需要通过高新技术产业化的途径,制定优惠政策和激励措施,创造新的集群环境[104]。不同主体构成的网络合作关系,能够有效弥补单个主体独自创新的成本及缺口,协同合作实现了跨组织的资源互补与共享,共同带动技术创新的进步。Rogers 和 Delre 认为,创新扩散的过程是传播者与接收者之间的连续活动过程,其结合与反馈的步骤可划分为认知、说服、决策、实施、确认五个阶段[105, 106]。

并且投资活动和双边贸易等扩散渠道所产生的知识溢出效应往往会影响区域内创新扩散，而创新各方的知识差距和吸收能力是影响知识溢出和创新扩散效应的重要因素[107, 108]。

因此，从协同创新激励机制和集群决策机制的角度分析，协同创新网络是由企业、企业集群、政府部门、技术转移交易平台、行业协会、银行、投资者以及大学和研究机构等节点构成，通过一定的规则、结构，彼此交换物质、人才、技术等资源，达到合作共赢，创新提高目的动态网络互联系统。因此，本书研究的区域协同创新网络以创新主体的协同为基础，以要素资源间的互联为纽带，分析人才要素在区域协同创新网络中的作用，是对现有协同创新理论的延伸。并且，集群激励机制、集群决策机制在网络创新主体中对人才的作用远大于其他创新要素，从人才聚集视角研究区域协同创新网络及其运行方式，是对现有创新理论基础的深化与发展。

（4）协同创新网络的驱动机理

区域协同创新网络的形成对于区域协同发展有着举足轻重的作用，为形成有效的网络形式，学者们不断探索协同创新网络发展的驱动机理，主要研究内容包括协同创新网络的发展驱动要素、发展驱动模式等方面。

高丽娜等研究了区域协同创新的推动力，创新主体的组织间、区域间流动是推动区域协同创新网络形成的根本力量[109]。其主要原因在于创新主体之间通过知识、技术、人才等的流动，形成创新扩散和知识溢出，同时创新主体内部的知识随着创新主体的转移而转移，不断重塑扩大经济空间，提升区域协同创新的竞争力。张俊霞等认为，新常态下区域协同创新网络的推动力主要来自高效运作的协同创新平台、素质一流的创新主体、素质一流的创新队伍、强力推进产业优化和技术升级方面[110]。政府应当推出各类优惠政策促进各类创新主体融入区域协同创新平台，且在新常态下推动区域协同创新网络的发展需要大量的创新人才，应当以需求为导向，以信息为纽带，推进产业结构升级，为区域协同创新网络的发展打造优良的产业环境。

张协奎等认为，区域协同创新的模式主要有三种，分别为由市场力量带动的技术联动协同创新、产业转移协同创新和由中央政府引导的功能定位协同创新[111]。李文奇等认为，区域协同创新驱动模式主要包括区域创新平台的主体协同模式、地区协同模式和要素协同模式[112]。其中，主体维度协同模式关键在于明确主体的共同目标及共同利益；地区维度协同模式下，根据经济水平、科技人员及其科技活动情况将其区域分为强势、弱势和中等地区；要素维度协同模式关注人才、政策、资金、技术专利等创新要素在组织机构的相互协调，分析各要素资源在协同创新网络中的功能及作用。Marcia采用三重螺旋模型，对墨西哥高校科研工作者主动参与科研合作的动机进行了分析[113]。区域创新平台中同一区域依据地区划分状况不同分别处在不同的地理位置，不仅可以更好地发挥强势创新地区的扩散效应，而且可以有效减小区域间的创新差距。通过对各类要素功能及其作用的分析，进一步形成人力牵引型、技术领先型、政策推动型的区域协同创新模式。不同协同创新模式的运行需要专业组织、一流的管理者以及合理规划的辅助，共同促进区域协同创新网络的高效发展。

（5）协同创新网络的演化路径

围绕协同创新网络的演化路径，国内外的多位学者展开了不同程度的研究，其研究思路主要包括两个方面：一是通过基础理论研究，分析演绎了协同创新网络的生态进化阶段；二是利用数学模型，动态仿真了协同创新网络的发展演化过程。

关于协同创新网络的生态进化分析，宋铁波等研究指出，集群主体之间的网络关系逐渐演变成以创新关系、知识关系维护的类型，集群网络也会因此变为集群协同创新网络。这种集群式的协同创新网络在发展的不同阶段，会演化出不同的网络模型，随着外部创新环境的不确定性发展，使得集群协同创新网络的发展随之改变[114]。吉敏等通过实证研究发现，集群网络在不同的生命周期阶段，体现出不同的创新网络模式；并对某电动工具产业集群进行了数据收集与整理，分析出了不同生命周期阶段创新网络结构的变化特征[115]。

李小建等认为，创新网络阶段是市场高度饱和以后企业通过创新寻求新出路而形成的新型网络模式[116]。其中有了政府、高校、科研机构的参与，便形成了初步的协同创新网络。而随着外贸全球化发展，全球供应链网络形成是必然趋势，当集群内生力量殆尽之际，合作网络必然需要外延来寻求新的利润空间，此阶段的网络方式，是国际化的协同合作网络。Porter指出，产业上的关联性会引发在科学技术创新活动上的关联性，进而产生创新集群效应[117]。因此，产业集群的本质内涵是高端合作和基于创新的集群。

关于数学模型的协同创新网络发展演化过程仿真分析，Albina等建立了协同创新网络的多主体仿真模型，并指出不同主体需要不断调整其创新模式，并适应外界环境变化，才能真正提升企业的协同创新能力[118]。田钢等通过建立多主体仿真模型，对中关村的创新网络进行了实证研究，指出区域性的创新网络具有小世界、集聚等较为复杂的特性[119]。集群行为主体的知识差异等影响着创新网络的演化，而且创新主体彼此之间专业化程度的强弱、知识的扩展方式等都对创新网络有着重大影响。

总体而言，集群网络关系是一个动态的变化结果，随着技术的进步，知识创新的需求，企业、政府、高校、科研机构等创新主体必然地交流合作，从量变到质变，最终形成了一张协同创新的局域网，这张网在演化过程中具有高度融合、紧密集聚等复杂特性。其中，传统行业的协同创新网络在发展过程中具有内生性和自组织规律性。随着不同区域联系的进一步增强，国内局域协同创新网络势必要扩展到国际，形成跨地域的协同创新网络。

1.2.3 文献述评

本书在对诸多文献进行全方位地梳理的基础上，从理论到实践上对人才聚集效应和区域协同创新网络的研究做进一步扩展。

经过文献分析，将学者们的研究共识整理如下。

第一，人才聚集效应的本质内涵，即在一定的时间、空间范围内，在和谐环境下，相关人才由于某些有利因素促使人才迁移流动，按照某种特有关系集中在一起所产生的超过各自独立作用的效应[120,121]。人才个体在地理空间上的聚集行为形成人才聚集，不同思想的人才在聚集的过程中相互碰撞将产生新观点和新理念，有助于形成创新氛围，实现创新成果[122,123]。不同区域因经济水平、文化习俗等社会环境不同而采用不同的模式，不同的聚集模式最终都是根据本区域地理位置、资源禀赋、经济结构、发展现状等特征，来选择适合当地发展的模式，其目的是吸引更多的人才，产生人才聚集效应，服务于区域经济社会发展，促进区域创新协同发展[124,125]。

第二，区域协同创新网络具有其他形式无法比拟的竞争优势，当区域中出现新的强有力的创新主体时，会促进区域协同创新网络中的其他创新主体形成"追赶效应"，更重要的是，不同主体间相互学习、相互交流合作，由此会使区域协同网络中各创新主体竞争力不断提升；从协同创新网络结构要素视角分析，所谓的网络就是各个节点的相互联系，而不同的节点代表不同的资源，这些资源的来源是社会各界，有企业、政府、技术机构、高校、投资者等，通过一定的规则和结构，将不同的资源混合在一起，经历动态的组合后，逐渐稳定形成一个以创新为核心的协同合作网；传统行业的协同创新网络在发展过程中具有内生性和自组织规律性。随着不同区域联系的进一步增强，国内区域协同创新网络势必要扩展到国际，形成跨地域的协同创新网络。

总之，创新是一个复杂的过程，学者们为了从理论上为创新事业做出贡献，提出了区域协同创新网络概念和相关理论，突出了创新的复杂性、非线性、网络性特征；揭示了协同创新的本质，即掌握知识、技术的组织间交流互动，最终实现经济效益的过程，而这些相互学习、交流互动的资源载体集中表现为各协同创新主体的人才协同之上。

人才作为创新要素中最具创造活力的资源，在协同创新中的作用至关重要，创新主体间的协同主要表现为人才资源的优化配置，因此，学者们的研究尚留有问题，存在许多不足。

第一，学者们在人才聚集效应与区域协同创新网络方面各自取得了比较丰富的研究成果，并且也有学者开始着手从人才聚集视角对区域协同创新系统进行研究。但就当前研究状况而言，对人才聚集效应与区域协同创新网络的深入研究还比较少见。人才是协同创新的动力源泉，区域协同创新网络是促进区域内外合作、交流、形成创新成果、提升区域核心竞争能力、促进区域发展的重要模式。将人才聚集效应纳入区域协同创新网络研究中，可以从人才管理、创新管理等方面有针对性地研究区域协同创新网络的构成及结构，以便为特定区域的人力资源管理政策制定及构建合理有效的协同创新网络的创新实践提供参考。

第二，根据已有研究的阐述，区域的引致性动因和人才驱致性动因会引导人才流动与迁移，人才流动产生人才聚集，人才聚集可能产生人才聚集效应，人才聚集效应的诸多特征表现为在促进区域创新中发挥重大作用。但人才聚集效应特征作用如何发挥，与区域协同创新网络之间的关系如何，需要做进一步的理论分析和量化研究。

第三，创新过程是分阶段进行的，协同创新主体参与者不同或者主体间的协同关系不同，协同创新目的必然存在差异，形成的协同创新网络模式及其产生的效果亦不相同。现有研究中对创新网络的分析都是建立在全体创新主体参与的整体网络视角，少有考虑研究型与应用型协同创新网络特征的不同，所以，当前协同创新网络研究内容仍有欠缺。

基于此，本书将人才聚集效应纳入区域协同创新网络研究体系，通过对人才聚集效应特征进行量化排序，并据此提出人才聚集效应特征与区域协同创新网络的关系及作用机理模型，以山西省为例，对基于人才聚集效应的区域协同创新网络进行实证研究，全面分析区域协同创新网络结构及其特征。研究结论可以为特定区域及特定经济条件下的区域人力资源管理政策制定，及构建合理有效的协同创新网络的创新实践提供参考。

1.3 研究的理论意义及实践应用价值

从以上文献研究的内容中可以看出，人才是资本存量最丰富的人力资源，是协同创新中最活跃、贡献最杰出的要素。协同创新究其本质是人才的协同创新，协同创新网络的形成以人才流动与聚集为前提。协同创新的主体是人才，人才遍布于创新网络各主体之中，可以通过相互学习、交流和启发，共享各自的知识。人才聚集可以是地理空间上的人才流动，也可以是虚拟空间上的知识流动和知识重组，进而形成聚集地创新主体间的错综复杂的协同创新关系。从经济学角度看，聚集机制是物质资源或经济活动在空间位置上的集中过程，具有一定的惯性，能够通过经济活动产生经济效应。人才聚集即一个区域最重要、最高层次的要素发生的聚集。人才这种能动资源的会聚趋势和过程，相对于物质资源而言，不仅可以实现人才个体自我价值，还能给聚集地带来发展优势。因此，以人才聚集为前提，加强科研机构、行业企业、地方政府以及国际社会等创新主体间的深度合作，坚持以人才聚集为根本、经济发展为基础、科技创新为支撑，构建协同创新机制，形成有效的协同创新网络，具有重要的理论意义。

2014年6月，习近平总书记在两院院士大会上讲话强调，要加强统筹协调，大力发展协同创新，集中力量办大事，形成推动自主创新的强大合力。但是，就我国当前国家创新系统而言，区域各创新主体间创新力量分散重复、自成体系，导致人才培养、科学研究与社会经济发展相互脱节，区域创新成果难以形成，创新效率无法提高等问题，已严重制约了协同创新体系的构建和协同创新网络效应的提升。在此背景下，加快我国创新体系建设，大力推进经济发展方式转变和经济结构调整，实施创新驱动战略，是建设创新型国家的客观要求。

山西省作为我国资源型经济转型试验区，其经济发展中表现出的人才资源配置不当、产业结构失衡、经济发展停滞等特征，是中西部内陆诸多省份的共性问题。资源型地区经济转型的成败，很大程度上依赖于技术创新的程度，而技术创新活动又是以人才的聚集为核心。因此，本书以山西省为例，研究人才聚集效应下的区域协同创新网络，具有重要的现实意义。

理论意义：第一，从人才聚集角度，分析人才聚集效应特征与区域协同创新网络的关系，构建协同创新网络模型，探究基于人才聚集效应的区域协同创新网络的协同关系，能充实人才学、创新学及协同创新理论等研究内容；

第二，用社会网络分析方法研究基于人才聚集的协同创新网络及其模型问题，能丰富协同创新问题的研究方法和手段。

现实意义：第一，实施科教兴国战略，建设创新型国家的迫切要求。协同创新的本质属性是一种管理创新，是促进我国经济发展方式由传统物质资源生产模式向主要依靠科技进步、劳动者知识素养提高、管理创新模式转变的重要环节。从建设创新型国家的战略全局出发，研究区域协同创新网络有着重要的现实意义。第二，协同创新网络的形成本质上是聚集地各创新主体人才资源在相互交流学习，共享知识，通过知识融合而产生的聚集地创新复杂关系的集合。研究人才聚集效应在区域协同创新网络中的作用机理，对区域创新平台和协同创新中心的建立有指导作用，进而服务于区域经济社会的发展。

鉴于此，从人才聚集角度研究区域协同创新网络结构，分析人才聚集效应与区域协同创新网络的理论联系，以山西省为例，构建基于人才聚集效应的区域协同创新整体网络，并进行分类分析，理论上可以丰富人才学与创新理论，实践中可以为地方政府、高校、科研机构和企业在人才培养与引进，人才管理制度的制定与创新，区域协同创新与信息技术交易平台建设，发挥人才聚集效应在区域协同创新网络中的作用等方面政策的制定提供参考。

1.4 研究的主要内容

本书主要包括以下几个方面的研究。
（1）人才聚集及效应特征的经济学分析
明确界定人才聚集效应的相关概念，以人才流动为切入点，从引致性和驱致性两个动因方面分析人才聚集效应特征，通过对信息共享效应、知识溢出效应、创新效应、集中学习效应、激励效应、时间效应、区域效应、规模效应、资源配置效应、分工协作效应、风险分摊效应等人才聚集效应做深入的经济学分析，运用主成分分析法和时间序列平滑法，对人才聚集效应进行定量化衡量和趋势预测，以此来判断人才聚集效应特征的实际表现。

（2）人才聚集效应与区域协同创新网络关联关系的内在机理分析

本书是在人才聚集视角下对区域协同创新网络的内在关系做机理分析，建立基于人才聚集效应的区域协同创新网络理论构架。因此本部分主要研究以下内容以下问题。

第一，以人才聚集作为中介，分析人才聚集创新效应、信息共享效应、时间效应、规模效应、知识溢出效应、人才成长效应和经济效应对区域协同创新网络的影响与作用。

第二，探讨人才聚集效应特征与协同创新网络的作用的内在机理。人才聚集效应的不同特征表现在区域协同创新网络中作用不同，区域创新网络的运行实质上是通过企业、高校、政府和科研机构等网络节点中的人才聚集，实现各创新主体间信息、知识、技术、资金以及政策等资源要素的高效运作和有效整合，使其在相互作用、相互激发中各尽所能，各司其职，共同参与，实现协同创新效应，促进区域经济发展。

（3）基于人才聚集效应的区域协同创新网络模型构建

运用社会网络分析方法，通过构建的人才聚集效应二级指标，研究区域协同创新网络，构建基于人才聚集效应的区域协同创新网络模型，对基于人才聚集的区域协同创新网络错综复杂的社会关系进行量化研究。本部分主要研究以下内容。

第一,人才聚集效应二级指标的确立。本书以人才聚集的各效应特征与区域协同创新网络的关系为基础,深入剖析人才聚集各效应特征,运用主成分分析法和时间序列平滑法,确立人才聚集效应二级指标。

第二,确定区域协同创新网络行动者的。从社会网络的角度出发,网络行动者在区域环境中的沟通和交流可以表达为,基于某种关系反映了特定的社会结构模式或规则。社会网络分析法的出发点是对这种结构的量化分析。区域协同创新网络可以理解为由区域的行动者之间的协同创新关系所构成的社会网络结构。本书的协同创新网络参考斯坦福大学的"联合创新网络"模式,选取高校、研究所、企业为行动者,以社会网络分析方法构建相关模型。

(4)实证及对策研究

本书选取特定区域对我国基于人才聚集的区域协同创新网络进行实证研究,一方面通过梳理近年相关数据,构建基于人才聚集效应的区域协同创新网络,对其结构特征进行分析;另一方面寻求形成区域协同创新网络现状的深层次原因,为我国区域人才管理及区域协同创新政策的制定提供参考。

1.5 研究方法

为了完成研究目标,本书综合采用人才学、聚集经济学、区域经济学等相关理论分析人才聚集效应与区域协同创新网络的内在联系和作用机理,运用社会网络分析方法构建基于人才聚集效应的区域协同创新网络模型,并进行实证分析。研究中具体采用的方法有:文献研究法、定性与定量结合的方法、主成分分析法、社会网络分析方法。

1.5.1 文献研究法

借助我国部分高校图书馆网络数据库资源,在本书创作前期查阅大量的国内外有关人才聚集与协同创新的文献资料,通过深入研究,挖掘出该领域的研究空白,同时分析相关研究的理论基础,确定研究的理论依据,为本书的研究寻找思路。

1.5.2 定性与定量结合的方法

在对人才聚集效应与区域协同创新网络相关概念及相关理论进行定性分析的基础上,建立相关评价指标体系,收集整理数据,结合选取的评价方法,采用定量分析的方法对山西省人才聚集效应特征及区域协同创新网络结构进行研究。

1.5.3 主成分分析法

人才聚集效应具有不同的表现特征,其在区域协同创新网络中的作用程度也不相同,因此,本书选取已有研究成果中应用有效的指标来构建恰当的人才聚集效应特征衡量指标体系,运用主成分分析法,测量山西省各地市相应的人才聚集效应值,以此来衡量山西省人才聚集效应特征的表现,借助统计软件 SPSS 22.0,运用 PCA 分析法测量山西省人才聚集各效应特征的重要程度。

1.5.4　社会网络分析方法

区域协同创新网络是一种复杂的社会网络，是由区域内各创新主体在协同过程中形成的错综复杂的社会关系的集合。社会网络分析法主要分析不同社会单位所构成的社会关系结构，是用于分析社会单位在互相协作过程中形成的网络关系及其影响作用的方法。因而，本书以山西省协同创新主体为例，选取区域内11个地级市，18所高等学校，29所科研机构，38家上市公司作为行动者构建区域协同创新网络，并对其网络结构进行分析。

1.6　研究的技术路线

本研究的技术路线如图1–1所示。

1.7　研究的创新点

（1）从人才聚集效应的视角研究区域协同创新网络

目前围绕"人才聚集"的研究领域和围绕"协同创新网络"的研究并无交集，本书将人才聚集效应和区域协同创新网络研究有效结合起来，从人才聚集效应视角研究区域协同创新网络，为网络中各主体创新发展尤其是人才培养方面的研究提供了新的思路，便于对区域协同创新网络要素节点的协同关系进行更准确的验证。

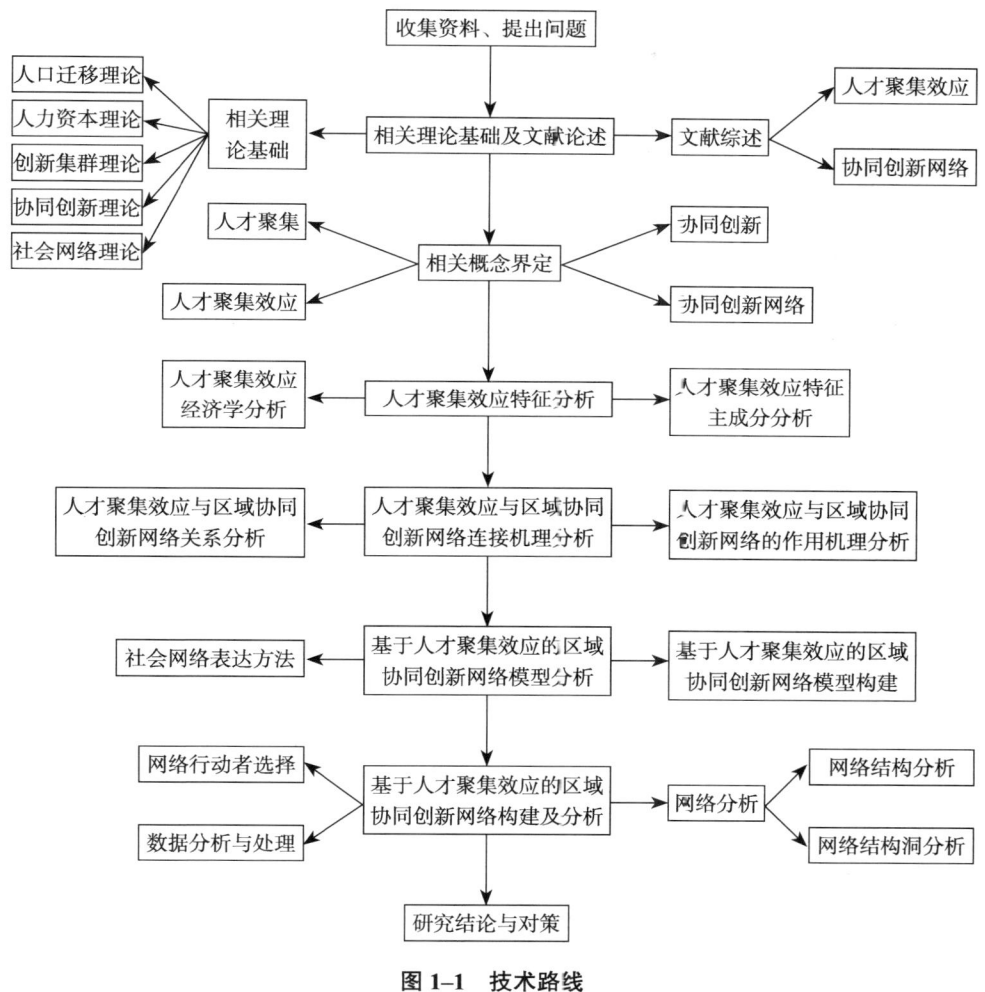

图 1-1 技术路线

（2）人才聚集效应与区域协同创新网络关系及作用机理

通过借鉴国内外关于人才聚集和协同创新理论研究的相关成果，结合人才聚集效应在各主体间的表现方式，以及由四大创新主体（政府、高校、科研机构及企业）构成的区域协同创新网络，探索人才聚集和区域协同创新网络的内在联系，从而对人才聚集效应和区域协同创新网络的作用机理进行有效分析。

（3）在研究区域协同创新整体网络特性的基础上，基于分类视角分析研究型与应用型协同创新网络的结构状况

从创新主体在协同创新中发挥的作用来看，人们通常把无企业实体成果转化的创新称为研究型创新，而把高校及科研机构（从创新成果的形成和转化角度来看，高校和科研机构可以归为一类创新主体，即高校及科研机构）与企业之间包含的研究与成果转化的创新称为应用型创新。因而，本书基于分类视角，从政府与高校及科研机构、企业与高校及科研机构两方面构建协同创新网络，分析研究型与应用型协同创新网络结构状况，从而进一步确定区域协同创新网络中各主体的区别与联系。

第 2 章 研究的理论基础

2.1 人口迁移理论

人才聚集的前提是人口的迁移，人口迁移的根本原因是区域发展的不均衡状态。由于研究的视角不同，学术界对人口迁移这一内涵的理解也不同。从过程视角来看，人口迁移是指人口从迁出地越过一定界限到达迁入地的一种流动；从结果来看，人口迁移会对当地的社会、经济与文化，以及环境等带来不同程度的影响，并且这一现象随着人类的繁衍生息从未停止过。关于人口迁移理论，学者们主要从以下方面进行了研究。

2.1.1 推力—拉力理论

推力—拉力理论最早可追溯到 Ravenstein 的"迁移定律"[126]。他提出了著名的人口迁移七大定律，即经济是影响人口迁移的关键因素，人口迁移数量与距离成反比例关系，人口迁移具有层次性特征，人口迁移具有相互性，城市人口与农村人口相比其迁移活性低，交通、技术以及通信等对人口迁移率有影响，距离长短对人口性别迁移数量有影响。西方古典的推力—拉力理论认为人口迁移是由一系列力量引起的。人口迁移实质上就是迁入地拉力（或吸引力）与迁出地推力（或排斥力）共同作用的结果[127]。推力—拉力理论的成立存在两个基本假设：一是假设人的迁移都是理性的；二是假设对于迁移者而言不存在信息不对称现象，迁移者对原驻地和迁入地的信息有较充分的了解。在一定社会条件下，流出地和流入地拉力和推力同时存在，并且伴有中间障碍因素[128]。人口流动就是推力、拉力及中间障碍三个因素综合作用的结果。区域人口迁移的推拉因素除了希望获得更高的收入和更好的职业上升机会及社会环境以外，还有为家庭成员带来更好的发展机会，以及为孩子创造更好的受教育机会，等等。

2.1.2 新古典经济学理论

新古典经济理论认为，经济学中供给与需求关系可以应用于人口迁移过程研究。自由市场条件下，人口迁移是区域市场中及区域间人口的供求关系不平衡导致的，劳动力供给与需求差异导致不同区域之间劳动力流动。人口迁移即这一流动过程的重要体现[129]。人口迁移被经济学家视作人才个体在追求人力资本能力提升过程中对于自身的投资，通过这种投资可以提高自身的知识素养水平，提升自己的经济效益和职场竞争，从而更好地提高个体的整体生活水平。城市化的扩张引起农村劳动力的迁移，从而造成城市就业压力的增长。该理论中的人口迁移也被认定为以最小的成本寻求最大的个人利益的过程，其暗含的假设及模式运行结果因人口迁移的变化而不断发生改变，无论是收益与成本，还是迁移优劣势等，都与人口心理因素有关。

地区经济发展水平差异对人口迁移的影响，已得到学术界的公认[130]。城乡之间的收入差距是影响人口迁移的主要因素，在发展中国家，假设从农村生产部门到城市工业部门移动的个体与其他个体无差别，那么社会的形成实质上就是由来自农村生产部门的个体与城市工业部门的个体的无差别聚集，并在市场上交换着不同的商品，旨在实现最大效应。Lewis W. A 和 Michal P. Todaro 从发展经济学理论视角，将一国经济分为农业部门和工业部门[131]。受劳动边际收益率及城乡社会条件差异的影响，落后农村的廉价劳动力纷纷流向现代化城市工业部门，而现代化城市工业部门不断地扩大以吸收农业部门的剩余劳动力，以高劳动生产率和低劳动力成本配比而获得巨额的利润。

2.1.3 迁移生态学理论

迁移生态学理论是一种试图在社会层次上从生态角度解释迁移的学说。这个理论所隐含的假设是在人口规模、社会组织、技术和环境之间存在平衡，当社会组织、技术或环境中任一或任几方面发生本质变化时，人口分布通过迁移过程而改变，以适应这种变化，直到机会膨胀地区和机会萎缩地区之间形成新的平衡[132]。迁移生态学理论成立的基础是人力适应的环境因素，该理论假设在社会组织发展时，生存机会增加。基于这一理论对人口迁移的理解，可以得出人口迁移实质上是对生存或生活条件变化的一种及时反应，或者说人口迁移是一种内在机制，其目的就是使迁移人口规模与生存机会实现平衡。人口迁移是从一种组织形式向另一种组织形式转变的过程，是一种非周期性的活动方式，也是一种不断适应和重新适应的手段。人口迁移是流向生存机会最大的区域，大规模的人口迁移主要以资本流动为导向，即总是从资本投资收益率较低区域向较高区域移动。

2.1.4 其他迁移理论

除上述主要理论外，关于人口迁移的其他理论有发展经济学中的人口迁移、Tiebout 模型，以及空间经济学中的人口迁移等理论。例如：在发展经济学中的人口迁移理论研究中，Lewis W. A 最早提出了人口迁移的"二元结构"，即将经济区域抽象为农业和工业两大部门，认为工业部门的边际劳动报酬率明显高于农业部门，从而引发了农业人口不断向工业部门流动的现象。Tiebout 模型是由美国学者 Tiebout 提出的，该模型重点强调不同区域提供的公共产品与税负存在不同的组合情况，人们可以根据公共产品和税负不同组合水平，选择适合自己并能为自己带来最大利益的区域居住[133]，因此人口迁移流动的前提就是基于公共产品和税负的不同组合。该模型也揭示了区域政府与人口迁移之间的一种选择机制，该机制的存在使得公共产品得到合理优化。还有不少学者从空间经济视角研究人口迁移，并重点强调产业集聚是人口迁移的关键因素。例如：美国调整经济结构后，东西部的新兴产业比较集中，使得该区域经济不断发展，最终导致整个经济格局发生重大改变，从而对人口迁移产生了影响。

人口迁移诸多理论分析了人口流动的诸多影响因素，既包括迁出区域的推力和迁入区域的拉力，也包括不同区域经济发展水平的不均衡，还包括个体生存环境的状态及其他行业、部门和社会环境基础条件。人才是人口资源中的特殊群体，人口迁移过程中才能产生人才的聚集，人口迁移是人才聚集的前提，人才聚集是具有丰富人力资本和知识存量的人力资源的迁移和流动，其对区域发展及社会生态环境等条件有更高的要求，且其流动具有更频繁、更复杂的特性。因此，分析人才聚集动因必须以人口迁移的诸多理论为基础。实践中，人口迁移不仅考虑更多的区域政策和制度等宏观变量及非经济因素，还要充分考虑宏观因素与微观因素之间的联系和相互作用，系统性地权衡宏观与微观人口流动因素。只有以人口迁移理论为基础，才能准确把握人才聚集的动因。

2.2 人力资本理论

人力资本思想的萌芽产生于17世纪初，历经多年的发展，在诸多经济学家的不断丰富和完善过程中，逐渐形成了较为完整的现代人力资本理论体系。

2.2.1 人力资本思想的萌芽

17世纪初至19世纪70年代，古典经济学的资本理论和价值决定理论中，William Petty、Adam Smith 和 John Stuart Mill 三位经济学家的观点对人力资本思想的萌芽做出了重大贡献，对此后人力资本理论体系的形成有着深远的影响。

William Petty 在其著作《赋税论》中首次明确提出了"劳动为财富之父、土地为财富之母"的著名论断[134]。他创立了以预期收入贴现值来估计人的经济价值的方法，指出具有不同技能的人创造的收入会有所不同；并采用预期收入的贴现值来量化当时英国的人口价值，开创了人力资本估算的先河。而人力资本概念的产生，源于西方经济学的主要创立者亚当·斯密对资本划分的论述[135]。他认为，实践经历和教育培训可以造成人们在成年后展现出不同的生产技能，人们在学习和实践中获得的技术和才能，会在生产实践中加以运用并固化为人身上的资本，最终通过人们的劳动转化为个人财产的一部分。

同时，个人财产也是社会财产的一部分，个人财产的增加将直接导致社会财富的扩大。

　　Adam Smith 关于人力资本概念和人力资本投资的思想是后来人力资本理论得以延续、发展和演进的重要基础，为现代人力资本理论体系的形成做出了重大的贡献。他指出，人的生产才能是后天学习和实践的结果，而不是与生俱来的；人力资本在生产中的运用，能提高经济产出水平、增加社会财富；人力资本可以通过有技能的工人获得高于一般劳动者的工资来实现对先期投入的时间和金钱的成本补偿。John Stuart Mill 以劳动价值论为基础，阐述了人力资本投资的重要组成部分，扩展和深化了古典经济学人力资本投资的思想[136]。他指出，人们在学校教育和培训、家庭养育、医疗保健这三方面的耗费构成人力资本成本的主要部分，人才的知识积累即是在维持自身健康的前提下，通过教育培训投资，家庭理念的传承不断获取的。因此，在这三方面所耗费的劳动都是人力资本成本。此外，John Stuart Mill 认为，社会的不平等导致人们在学习技能上机会的不平等，在社会上处于自然垄断地位的必然是具备高技能的劳动者，他们凭借自身的高技能劳作取得高于普通水平的劳动报酬，而高水平的劳动报酬又可以为其进一步提升自己的人力资本投资提供保障。因此，劳动力市场的供需结构被视为人力资本投资收益获取的重要影响因素。

2.2.2　人力资本思想的发展

　　19 世纪末至 20 世纪中期，作为新古典经济学派的创始人，Alfred Marshall 继承并发展了 William Petty、Adam Smith 等古典经济学家的思想，推动了人力资本思想的进一步发展。他肯定了人力资本的经济价值，认为人们为获得自身知识技能的提高而投入的时间和金钱,也即提升自身生产本领所消耗的资本,都会通过自己的吸收和应用转化为自己的资产,并通过自己的劳动获得超出普通工人工资的人力资本投资收益。因此,这种投资于人身上的资本最有价值[137]。

Irving Fisher 的著作《利息理论》是经济学的经典之作,他从资本与利息理论的视角讨论了人力资本问题[138]。他分析了人力资本的本质,认为劳动者的劳动力同土地、物质资本品一样,都是某一区域、某一特定时点的社会存量财富,应该统一归入人力资本的范畴。工资收入是劳动者在某一时期的劳动过程中的劳动和提供服务的报酬,是自身知识和技能实现的收益流入,是人力资本投资产生的利息,在此基础上,创造了以工资资本化来估算人力资本价值的方法。而且,Irving Fisher 也把国民的身体健康标准纳入社会财富的范畴,认为国民健康是文明社会的重要财富,劳动者在对自身进行知识技能投资的同时,也应该进行健康投资。所以,人力资本的价值估算内容也应该包括健康投资。

2.2.3　人力资本理论体系的形成

到 20 世纪中叶,Theodore W. Schultz、Jscob Mincer 和 Gary S. Becker 等经济学家为更好地分析与解释战后经济增长和收入分配问题,逐渐把研究视角转向人力资本领域,使得人力资本理论逐渐成为现代经济学的核心内容之一,并逐步创立了现代人力资本理论体系。

Theodore W. Schultz 构建了人力资本理论的基本框架,并在多篇论文和著作中对人力资本的基本内涵、估值方法及人力资本投资对区域经济发展的作用等进行了论述[139]。他驳斥了传统经济学把生产要素看作同质的观点,认为人力资本具有异质性，应该用异质性的人力资本概念取代均质的劳动力，人力资本的价值和所获取的收益不能以均质的态度来衡量。他还指出，改善区域资源要素效率和质量、提升区域科技发展水平、增强区域竞争实力的根本，是加大人力资本在教育、培训等方面的投资以提高劳动者素质，因此，人力资本是影响经济发展与增长的主要因素。

Jscob Mincer 的论文《人力资本投资与个人收入分配》建立了衡量受教育和培训的年限与个人收入之间的关系的理论模型，从人力资本收益率影响因素的角度，较好地解释了造成劳动者收入差异的主要原因，并从人力资本角度分析了劳动转化与工资增长的关系，认为劳动者的劳动转化与工资增长之间成负关系[140]。人力资本投资对劳动力流动与工资具有双重影响，人力资本投资，一方面，提升了劳动者素质，扩展了劳动者的视野，增强了人们追求更高工资、更好发展机会的能力；另一方面，区域因人才素质提升、经济总量增长而增加区域投入，并通过提高工资及福利水平，改善自然环境和社会环境等手段吸引更多的人才流入。

在创立现代人力资本理论体系的经济学家中，Gary S. Becker 致力于构建人力资本理论的经济学基础[141]。新古典经济学认为供求关系是影响人口迁移的主要因素，而 Gary S. Becker 则认为经济因素是影响人类行为的主要因素。遵循此思想，经济分析方法也适用于对人力资本投资行为的研究。同物质资本一样，人们进行人力资本投资的目的也是追求利润最大化，那么，在区域内外部资源均衡条件下，人力资本投资也符合边际收益等于边际成本的法则。

人力资本理论的发展演变本质上是人力资源在发展中不断分化和分层的过程，不同层次的人力资源带来的效益不同，人力资本的衡量方法也不相同，人力资本中知识存量较高的群体被视为人才。因此，本书分析人才聚集效应特征的理论基础包括人力资本理论。经济因素是影响人类行为的主要因素，人们为了提高个人收入水平而对自身进行投资，形成人力资本。人力资本投资对劳动者素质的提高是区域资源要素效率和质量改善的根本原因。人才聚集效应从本质上看即是人力资本投资者知识、技能聚合共同产生作用而实现的经济效应的体现。

2.3　创新集群理论

随着学术界对创新理论的研究与发展，创新集群所产生的效应对产业发展和区域经济增长的影响日益凸显，创新集群的概念内涵逐渐扩展，其相关研究也成为区域创新领域研究的新热点。

2.3.1　创新集群内涵

创新集群是通过产业链、价值链和知识链形成战略联盟或各种合作，由企业、科研机构、高校、金融机构、中介服务机构等构成，具有集聚经济和大量知识溢出特征的技术－经济网络[142,143]。创新集群是创新主体之间从事创新活动而形成的技术网络和联系，反映了合作研究的发展。界定创新集群的关键是理解产业和创新过程之间的联系，以及集群的动态性、国际化、网络化等特征。

最早的创新集群理论是描述科技与经济结合的高质量理论，其本质上是以产业聚集为核心的创新集群理论[144,145]。20世纪80年代，美国、日本学者试图在大学、科研机构和企业等创新主体间，通过研发力量与产业化、市场化相连接，形成研究与开发相衔接的基础创新链。但是，这种技术创新链条是一种特定时段的"点—点"的线性联系，只可以有效解决节点的技术创新问题。而创新集群是一种复杂的社会网络关系，由长期高效稳定的创新集群形成，需要将微观特定时段的"点—点"的线性联系发展为宏观长期的"节点—节点"的网络联系，是产业链条上复杂关系的集合。单一"点—点"之间的线性联系，无法有效解决整个产业链条上的技术创新问题。而当创新网络与特定产业集群融合时，就升华成创新集群，因此，创新集群实质上也是产业集群网络化协同发展的复杂社会关系的集合。创新集群的出现，真正实现了宏观领域科技与经济的融合，各创新主体间互相关联，目标一致地投资科技、信息和人力资源，并不断地进行交流与合作，形成有效的协同创新网络互联，产生创新网络的外溢效果。

2.3.2　国家创新系统

创新集群在一定区域内经常地、密切地与企业创新投入相互作用，形成区域创新系统。最常见的区域创新系统是国家创新系统。国家创新系统的地域范围是在国内，可分为次一级的区域创新系统[146]。目前，我国创新型国家建设是国家创新系统理论的实践应用。创新型国家"建设什么"和"如何建设"是两个突出问题。创新集群理论可解决"建设什么"和"如何建设"的问题，国家创新系统的建设通常是通过政府创新决策部门以政策引导，以大学、研究机构、金融机构、中介组织和企业合作为基础，以创新型企业为核心，以技术转移和交流为手段，以协同创新平台构建为路径，围绕技术研发和产业化项目，培育优质高效的创新集群，形成具有自动调节机制和高产出率的技术—经济协同网络。创新型国家建设的总目标可以通过层层分解，并根据每一层次、每一目标设置创新集群培育和发展子目标，便于分层次、分阶段实施创新型国家的长远战略。

创新集群理论是本书研究区域协同创新网络的基础，国家创新系统可分解性（可分为次一级的区域创新系统，如东部地区、中部地区乃至省域等）是山西省区域协同创新网络构建的理论依据，本书以山西省为例所构建的基于人才聚集效应的区域协同创新网络是国家创新系统的重要组成部分。

2.4 协同创新理论

以协同论为指导思想来研究创新活动，即为协同创新，其目的是构建以政府、高校及科研机构、企业为主体的国家创新体系，其实质是促进创新所需要的各种资源要素的有效整合。随着可持续技术的不断发展，技术生命周期的逐渐缩短，区域社会发展所需要的新技术、新产品增加，创新主体的研发成本也随之迅速增加。实践中，任何一家组织，任何一个主体都不可能拥有本领域内保持全部领先的技能，创新主体间的协同发展成为必然。在此背景下，协同创新与协同创新网络的发展也成为各组织获得研发资源，争取保持技术领先地位并能及早给市场带来重大经济效应的一种重要创新模式，也是区域形成创新成果、保持竞争优势的重要组织形式。当代是"模块化时代"，模块中若干相互依赖、相互影响的部分相互协调和互动，共同构成协同网络。同时，创新管理越来越多地采用复杂的自适应理论作为分析工具，这为模块化创新网络的演化路径分析提供了理论基础。在遵循统一标准的前提下，网络内同种模块与模块之间的通用性使其替代性很高,可以使系统由混沌或无序的状态迅速恢复到最佳状态。并且，区域协同创新网络中，构成协同创新网络的每一节点都是独立的利益单位，每个节点可以视为一个小模块，每类节点间的协同构成一个较大的协同模块，各类节点及节点的连接体共同连接构成区域内更大的协同创新模块，模块之间有自律、自适应和自我调节功能，可以疏通不同节点的连接障碍，以便能更好地传递系统信息，提高创新的成功率。

协同创新理论是本书研究协同创新网络构建的理论基础，是分类视角下研究型协同创新网络与应用型协同创新网络的分类依据，任何一个协同创新网络都是由诸多次一级的网络模块构成的，具有相互关联的网络模块可以以各种不同的连接方式相互作用而形成高一级的协同创新网络，因此，本书进行了区域协同创新整体网络分析和分类协同创新网络分析。

2.5 社会网络理论

社会网络理论发端于20世纪30年代，是关于人与组织的相对稳定的社会关系理论。英国著名的人类学家R. Brown最早界定了"社会网络"的含义，他认为社会网络本身是一种特殊的表现为持久的、稳定的社会交往关系[147]。R. Brown的研究比较简单，是以个人为节点。人与人之间进行复杂或简单交往构成社会关系网络，而实际的人与人之间的交往关系要复杂得多。20世纪70年代，社会网络概念发展到比较成熟的阶段，代表性作者Wellman认为社会网络是由某些个体间的社会关系构成的相对稳定的系统。在社会网络构成中，构成网络节点的网络行动者可以是个人,也可以是家庭、部门、组织等集合单位。网络成员的协同方式,直接影响网络中资源的流动方式及效率。20世纪30年代至70年代,社会网络结构理论在不同学科领域不断深化,集人类学、心理学和社会学等理论、方法和技术为一体,形成了一整套系统的理论体系,逐渐发展成为分析社会复杂关系和社会结构的一种重要的研究范式。社会网络理论的三大核心理论是强弱连接理论、社会资本理论及结构洞理论。

在社会网络中,连接是社会网络节点间关系分析的最基本分析单位。Granovetter在研究人们应聘的过程时,发现提供工作信息的人往往是弱连接,从而提出了连接强度的概念。他将连接分为强连接和弱连接,认为强连接是在相似的个体之间产生的,维系着群体、组织内部的关系,但是容易产生重复冗余的信息;而弱连接是在群体之间发生的,在群体、组织之间起到信息桥梁的作用。社会关系网络中的社会资源,并不被个人直接占有,而是通过个人的直接关系或者间接关系从社会网络中获取。

华裔社会学家林南的社会资本理论发展和修正了Granovetter的社会网络强弱连接理论。他在《社会资本:关于社会结构与行动的理论》中提出了社会资本理论。他认为社会资本主要存在于社会团体和社会关系网络之中,由构成社会结构的要素组成。并且他还提出了地位强度、弱关系、位置强度等社会资本的三大假设。即在社会网络中,社会关系越复杂,网络参与者占据网络结构中的资源越多,各个网络参与者之间的交流互动越频繁,网络成员所获得发展的机会也就越多[148]。

美国学者Raoul Bott在1992年提出结构洞理论。结构洞理论认为,在社会网络中,任何主体构成的社会网络均表现为"无洞"结构,并且存在"结构洞"的两种特定关系[149]。无洞结构是指每个节点都和其他节点存在不间断的联系;

另一种是社会网络中某个或某些个体与其他个体不发生直接联系，这个网络就出现了"结构洞"。处于结构洞中心的节点在社会网络中起连接作用，因此具有的社会资本要多于其他节点。

知识的载体是人才，人才是知识活动主体中最活跃的要素资源。在社会网络理论的推动下，网络分析单位的知识活动，包括知识获取、知识传递和共享、知识创新等，必然受到网络特性的制约和影响[150-152]。在一个组织内，各行为主体频繁接触其组成的关联网络是知识获取的主要来源。社会网络中的不同主体，输入不同理念，通过知识搜寻和共享，或达成共识，或发生冲突，不断融合、超越和升华，最终产生知识创新[153-155]。社会网络中，知识溢出加速、知识成本降低，知识创新的效率必然会提升，也必然会产生网络创新效应。因此，社会网络理论是本书研究区域协同创新网络构建的理论基础，运用社会网络分析方法具体分析区域协同创新网络结构是本书的必然选择。

2.6　小结

通过系统地分析已有的人才聚集与协同创新相关数据资料与学术文献，确定了本书研究的相关理论基础。人口迁移是人才聚集的前提，人口迁移过程中个体自身的经济性带来人才聚集的效应；协同创新网络是创新集群的一种表现形式，是区域协同创新过程复杂化的表现，社会网络分析方法是构建区域协同创新网络的基本方法。因此，人口迁移、人力资本、创新集群、协同创新和社会网络等理论的相关研究为本书奠定了坚实的理论基础。

第 3 章 人才聚集效应特征分析

3.1 人才聚集的内涵及特征

3.1.1 人才聚集的内涵

人才是一种特殊的经济要素,是人力资源中最优秀的群体。人才在流动的过程中会产生人才聚集。人才聚集是指在一定时间内具有特定联系的大量人才在某一区域(物理空间)或某个行业(虚拟空间)中的集中高于其他空间而产生的聚类现象。当代经济生活的主要特征是城市化进程,城市化进程即人口向城市转移和聚集的过程。经济生活发展越快,城市化进程越完善,人口聚集的现象越明显。人口的迁移带来的是人才的聚集,人才的聚集形成人力资本和人才交易的规模化,而市场人才交易的规模化会直接导致人才交易平均成本的下降。同时,人才资源的集聚,会克服时间和空间对其流动所带来的困难,促使各种组织可以以较低的成本获得适合的人才资源,借以降低信息流动成本并提高信息效率。

人口在迁移的过程中产生人才聚集现象，形成人才聚集系统。人才聚集系统将人才要素同资源与生产要素进行匹配与重组，协同内外部诸多因素共同发挥作用，形成开放的、复杂的、相互关联的社会关系系统。与自然系统一样，因人才聚集系统中各要素的内在联系不同，人才流动性和聚集程度存在差异。由于系统内外环境条件的影响不同，系统运行可能出现两种不同的结果，即人才聚集的经济效应（"1+1＞2"的正效应）和人才聚集的不经济效应（"1+1＜2"的负效应）。人才聚集效应表现不同，对区域经济发展的作用也不相同。一般意义上看，人才聚集的正效应有益于创新效应及创新效果的产生与实现，而负效应则对创新效应的产生有阻碍作用，因此，对人才聚集正效应的研究侧重于其对区域经济的促进作用；而对人才聚集的负效应则侧重于研究人才聚集过程中人才间冲突的消减、人才聚集系统环境的优化等，最终目的是促进人才有效聚集，进而形成有效的人才聚集正效应。由此可见，研究人才聚集归根结底是为了促进人才聚集正效应的产生，也只有人才聚集产生了正效应才能发挥其创新效应，推动区域经济发展。

3.1.2 人才聚集的动因分析

人口迁移的推—拉力理论认为，影响人口迁移的力量就是迁入地拉力与迁出地推力共同作用的结果。作为知识资本存量较高的人才，其聚集行为首先是流动主体的一种理性的选择；其次是人才对自身原住地和迁入地的信息充分了解的基础上进行的抉择，只有在这样的基础上的人才流动，才能最终实现人才个体比较利益最大化，实现人才的有效聚集。据此理论，形成人才聚集现象的动因可以区分为引致性动因和驱致性动因。

（1）人才聚集现象的引致性动因

人才聚集的引致性动因包括以下几方面，一是区域要素边际收益率的差别。一般而言，资源总是从区域要素边际收益低的地域流向高的地域，人才资源也是如此。为了实现比较利益和自身价值最大化，边际要素资源收益的强弱决定了人才流向，人才一般从收益较低的地区流向较高的地区，形成人才聚集。二是区域自然环境差异。人们总是对区域社会条件高，自然环境好的地方趋之若鹜，对自然环境差的地方避而远之。三是区域文化底蕴的差异。相比自然环境而言，文化底蕴深厚的区域，会为人才提供便于发挥其潜能的优质平台，从而吸引众多人才会聚在一起。

（2）人才聚集现象的驱致性动因

马斯洛把人的需求分为五个层次，最高层次的需求就是自身价值的体现。对于人才而言，自身价值如何体现，个人发展如何成功，自身潜能如何开发与实现，这些因素都会导致其流向比较好的空间，从而形成人才聚集。

综上所述，影响人才流动的因素多且繁杂，从不同的角度分析，影响因素类型各不相同，这些因素的变化均可以促使人才进行空间转移。本书是从人才聚集效应视角研究区域协同创新网络，分析人才聚集效应在区域协同创新网络中的作用表现，以人才为核心，以区域协同创新为目的，因而，从影响人才流动的驱致性动因和区域环境条件的引致性动因两方面来分析人才聚集的动因，便于选择与人才聚集效应特征相关的指标，准确剖析人才聚集效应的特征，分析人才聚集对区域经济发展的影响。

3.1.3 人才聚集的特征分析

人才是区域经济发展中的一项特殊经济要素，人才在实现其自身价值的过程中总会出现局部物理空间或虚拟空间上集中的特征，这种特征会导致人才在特定空间中的密度高于其他空间，从而形成人才聚集现象。人才聚集产生于人口的不断流动，体现出不同区域（空间）发展上的不平衡。人才聚集现象是规模经济现象，是由量变到质变的过程，主要表现为以下特点。

（1）空间性

人才的聚集必然在一定的空间（包括物理空间和虚拟空间）中进行。人才集聚的情况下，各领域的高级人才聚集在某一地区，包括自由选择、市场配置、继续接受教育，或在公司集团中从事研究与劳作。不论存在于何种境况，都与经济活动的空间分布密切相关。大多数情况下，对人力资源的分配，只有在一定的空间范围内才能实现其效率。

（2）聚类性

从人才聚集的动因分析，人才流动必然伴随特定的目的，特定目的需要特定的人才来完成。所以，人才聚集不单单指人才在某一地域或某一行业内量上的集中，同时还表现在类别方面，即同一类型或具有相似特征的人才在同一地域或同一行业中的大量按类聚集。同一类型或相似类型的人才聚集的主要目的在于通过人才聚集量的叠加以实现质的飞跃。

（3）规模性

人才聚集的直接表现是人才的资源密集度不断提高，人才规模不断扩大，人力资源和人才交易市场规模化，人才交易单位成本逐渐降低，产生规模效应。随着这一情况的持续发展，人才聚集规模越来越大，最终将导致规模化特征的显现。

（4）动态性

区域内外环境始终处于发展和变化状态中，如外部国家政策、内部组织规划、个人年龄和经验能力等都是不断变化的量。与之相对应的，由人才流动集聚形成的人才聚集群体随着时间、政策等因素的变化而变化。因此，人才聚集的过程也是人才与其他资源不断实现优化配置的动态过程，这一过程有利于促进区域内外部的交流协作，提高内部创新性，提升组织竞争力。

（5）网络性

知识流动产生于人才的流动与创新。在人才聚集的过程中，与之并行且交叉流动的知识将会形成知识网络。并且，随着区域内资源的不断合作与沟通，知识网络在与其他物质资源结合的过程中，将会逐步形成一个个相对稳定的、以知识作为基础的、以实现创新效应为目的的区域创新网络。同时，人才聚集过程中人与人间的相互关系也将随着密切度的提高逐步形成一个个复杂的、区域性的社会关系网络，体现了网络性的特征。

3.2 人才聚集效应及其特征分析

3.2.1 人才聚集效应

人才聚集现象是一种经济现象，人才聚集过程中可能产生"1+1＞2"的正效应，也可能产生"1+1＜2"的负效应。

人才聚集的负效应主要是由于在物质资本约束下具有同质性人才的边际效用递减、管理成本增加或者是人际关系造成的内部摩擦，而使得人才聚集后产生了"1+1＜2"的效应，也即人才聚集后的作用反而低于不聚集的效应。产生人才聚集负效应通常是由于以下几方面原因。第一，人才聚集仅指量上有所提升，未能形成合理配置，无法达成其应有的规模效应。第二，人才聚集的环境条件有待提高。人才聚集产生的效应会高于个体简单相加的效应，环境情况不同聚集效应也有差异，人才处于较好的环境中有助于释放更大的活力，而无法保证较好的内外部环境时，人才间摩擦和冲突的增大，会导致人才管理成本增加，人才聚集会产生低于人才个体简单叠加的效应。第三，人才的流动性差。人才的聚集效应产生于人才流动，二者间呈现正向关系，因而在市场机制下，人才流动越慢，人才聚集程度越低，人才聚集的叠加效应越困难。第四，人际关系处理不当，人才聚集不仅体现在量的增加，而且，还需要人与人之间形成合理顺畅的沟通关系，否则，由于人际关系的紧张或竞争矛盾的激化会导致各种人际冲突出现，致使组织内耗严重，从而形成人才聚集负效应。人才聚集负效应会抑制协同创新主体间的协同与创新，加大了协同创新组织形成和实现目标的难度。因此，本书所指的人才聚集效应是指人才聚集正效应，对于人才聚集的负效应将以人才聚集中的冲突消减与协同创新系统关系优化为题做其他研究。

人才聚集的正效应是指在内外环境适宜时，人才由于聚集而产生的作用超过各自独立作用的"1+1＞2"的加总效应，即本书中的人才聚集效应。实践中，人才聚集所产生的正效应通常表现在以下几个方面。第一，区域环境的改善，会不断地吸引各类人才会聚，而形成人才库。人才库的形成又将促使区域创新能力提升和区域经济优先发展，区域经济发展又能够进一步满足人才自身发展需要，改善人才工作和生活环境，由此吸引更高水平的人才会聚，如此形成一个人才不断引入、经济不断增强的区域发展良性循环模式。第二，将人才的力量整合一处，从组织内部整合机制出发，实现知识与技能的优势互补，激发群体热情和创新性，充分挖掘人才的作用，最大限度地发挥人才的价值，发展新技术和新成果，促进区域发展目标实现。第三，人才聚集带来竞争的集中，竞争能促使人才持续地进行学习并增强创新意识。而在聚集的群体内部，人与人之间的竞争会使每个个体产生危机意识，促使他们在竞争中相互学习与促进，不断提升自身知识水平，产生知识联动效应。

3.2.2 人才聚集效应特征分析

本书通过对人才聚集相关文献进行梳理发现，学者们对人才聚集效应的分析成果有很多，对其特征表现的研究也包含诸多方面，综合国内外研究成果发现，在对人才聚集效应特征的描述方面，具有共性认识的特征表现有以下七个方面。

（1）创新效应

创新可以带动一个地区的经济发展。区域经济发展水平、社会环境、投资环境等创新所需的客观条件改善，能吸引大批高素质人才流动，形成"人才聚集"。人才聚集不仅能提升区域创新系统创新主体的整体素质水平，也可以增强区域内智力密集程度；又由于人才个体知识结构、学习能力存在差异，人才聚集条件下容易出现各种各样的创新表现，形成创新效应。人才聚集的创新效应会产生创新积累优势，降低创新风险。

（2）时间效应

人才聚集以人才为主体，人才及人才掌握的知识技术具有极强的时效性。科学技术的不断发展与创新带来的是知识的更新换代，人才所具有的知识和技术也随之不断更新，与之相对应的时效性要求也在提高。一定时期内，个人所拥有的知识和技能越先进,其作用也就越大;反之,若不重视知识和技能的更新,在新的社会环境下,个人所拥有的知识和技能就会落伍,其独立作用就会降低,影响人才聚集的加总效应。在知识经济时代,知识和技能的更新速度不断加快,人才聚集效应的时效性和周期性表现也会越来越强。

(3)知识溢出效应

知识溢出效应是指人才在聚集的过程中会产生知识溢出,知识溢出是指知识和技术的自然外漏和输出现象。知识可分为显性知识和隐性知识,显性知识的交流与传递障碍较少,容易产生知识溢出效应;而隐性知识是难以传递的,但从知识的本质来说隐性知识占大多数。在人才聚集的情况下,随着隐性知识传递的机会增多,人才之间的相互交流频繁,更容易学习彼此的经验,又由于隐性知识所包含的技巧方法较多,因此产生的溢出效应也就较大,对创新的推动作用也就较为突出。同时,隐性知识在交流中也容易逐渐显化并在彼此间的沟通交流中"溢出",形成"知识溢出效应"。

(4)经济效应

人才聚集是人才要素在流动过程中按照一定的内在联系以类聚集,在和谐的内外环境作用下,产生的人才资源与生产要素的重新配置和组合现象,是一定区域内外部诸多因素协同作用的混合过程。人才聚集在区域内发挥的作用会超过各自独立作用的简单叠加,这一效应从经济学角度来看是经济性的,其聚集产生的成果会作用于区域创新过程,提高区域经济发展质量,提升区域经济发展水平。在一定的环境和条件下,人才聚集由量变到质变的转化结果是人才聚集的经济效应。

(5)人才成长效应

从人才个体发展角度来说,个人需要不断学习,持续关注其从事行业的现状及未来发展趋势，进行教育投资，提升自身价值，才能适应时代的发展，在人才竞争中获得优势。影响人才成长的因素主要来源于个体条件和外部环境对人才的投入。当人才聚集达到一定的规模时，人才聚集将降低学习成本，降低人才学习某一技能的时间和资源。人才成长的投入降低，成长环境质量提升，产生人才成长效应。通常情况下，人才为了维持自身的竞争优势，提高其人力资本水平，必然会在群体聚集中不断提升自身能力，并以此来获得更大的自身利益和更多的个人成长机会。

（6）信息共享效应

信息共享效应指人才聚集条件下信息获得者会提供免费或者价格低廉的信息。区域经济发展不断吸引人才的进入与聚集，人才的聚集能降低时间和空间上的阻力，促使信息成本降低。随着互联网技术的发展，信息成几何倍数地共享和扩张，使信息经营者可以与大家共享成本极低或免费的信息，产生信息共享效应。知识的取得与积累是技术创新与区域协同发展的前提条件，容易获得且价格低廉的信息有助于人才获取知识与不断创新。人才聚集的程度越大，就拥有越多的信息，信息共享效应也就越大。

（7）规模效应

规模是事物从量变到质变的关键点，单人单地区，不可能产生人才聚集的规模效应。而没有规模就不会产生规模经济。同样，聚集效应的产生也离不开一定规模的人才聚集。随着人才流动规模的扩大，人才与人才之间、人才与资源之间、人才与内外创新要素之间的交流增多，信息交流与共享的力度增强，共享知识的数量会增加，有助于扩大人才交流规模、提高知识拥有程度、获取更多外部创新资源，进一步推动更大规模的人才聚集，产生更大程度的人才聚集规模效应。

3.3　人才聚集效应的主成分分析

人才聚集效应表现为七大特征，人才聚集通过其实现的效应作用于区域协同创新过程，并在创新过程中形成创新成果，进而作用于区域经济发展。人才聚集产生的效应能增强区域发展的活力，但不同的效应特征在区域经济发展中的作用方式和作用结果却不相同，具体到每一指标在区域发展中的作用程度如何，需要采用定量的方法做进一步的分析和判定。

3.3.1　指标体系构建与数据来源

区域协同创新网络中，人才聚集效应的特征表现多种多样，根据以上分析，本书从创新效应、时间效应、知识溢出效应、经济效应、人才成长效应、信息共享效应和规模效应这七大特征来分析人才聚集在提升区域创新能力，促进区域经济发展等方面发挥的作用，并运用主成分分析方法对其作用程度进行分析。

（1）创新效应的指标选择

创新是一个地区发展的重要因素。研究文献发现，在中等或较低市场化的中西部地区，专利授权数量是区域创新能力的集中体现，地方财政支出对区域创新能力具有显著影响[156]。而国家层面的创新效应，表现在对高新技术产业的大规模扶持，并且，创新效应一定程度上可以带动区域就业的增长[157]。因此，本研究选择专利授权量、高新技术企业个数和地方政府财政科技支出来衡量创新人才聚集的创新效应。

(2) 时间效应的指标选择

在知识经济时代，知识技能的更新速度不断加快，时效性和周期性较强，本书参考王勇对科技人才聚集效应的实证研究，以新技术市场成交额、图书新出版总数和图书馆新书来衡量时间效应[158]。一定程度上这三个指标反映了人才聚集中知识信息、思维理念的更新及知识资本存量对未来区域创新的影响，是相对可靠的指标。

(3) 知识溢出效应的指标选择

人才聚集的最直接表现就是知识的不断交流，同时吸引更多的人才加入。在我国的教育体系中，高层次教育的扩张代表着人才知识力的增长，也是全民素质的提升。本书借鉴许箫迪对知识溢出效应测度的实证研究结果，选取普通高等院校的数量、普通高校毕业生人数和每十万人口高等院校平均在校生来作为知识溢出效应的衡量指标[159]。

(4) 经济效应的指标选择

经济效应最直观的表现是 GDP 及其增长幅度，同时国家或者企业、个人的收支状况在社会上所引起的反应、社会就业人数的变化、科技投入与产出的比例、政府的投入以及外商投资等众多表象也是经济效应的表现。本书参考王萍在研究浙江省技术创新人才聚集问题时所构建的人才聚集经济效应的评价指标，包括人均 GDP、外商直接投资、第三产业占 GDP 比重等[160]，考虑到山西省与浙江省在产业发展上的地区差异，选取具体化的规模以上企业增加值占 GDP 比重、外商直接投资额等指标来衡量人才聚集的经济效应。这些指标具有直观性，对经济社会发展变化的作用最明显。

(5) 人才成长效应的指标选择

人才成长，顾名思义就是社会对人才培养的投入。在我国教育体系中，人才成长的表现便是教育经费投入的多寡。张同全在分析我国制造业基地人才聚集效应问题时，构建了人才成长效应评价指标体系，包括人均教育经费、科技三项费用、普通高等学校数量[161]。在此基础上，本书选择人均教育经费的投入、科技三项费用和高等教育生均公共财政预算教育事业费作为人才成长效应的评价指标。

（6）信息共享效应的指标选择。

区域经济发展不断吸引人才的进入与聚集，并随着互联网技术的发展，信息成几何倍数地共享和扩张。凌美秀在探讨信息资源共享网络中的共享效应的问题时指出，信息共享效应主要体现在资源、网络对使用者的覆盖程度和被用户使用的频率方面[162]。向春华研究信息共享的条件和制约因素得出，信息共享所需要的技术、人力资源以及物质都需要雄厚的资金做支撑[163]。基于此，在衡量信息共享效应时，选择与其密切相关的计算机的有关数据，比较直观的表现便是上网人数的增加、互联网普及率及社会对信息技术产业的投资。

（7）规模效应的指标选择。

规模效应即规模增大所带来的经济效益，是量变引起质变的发展过程。创新成果效应的实现主要依赖于企业对创新成果的应用。赵秀花在对京津冀人才聚集效应与协同创新的关系的研究中，分析了规模效应，借鉴其评价指标，选择区域总产值与规模以上工业企业的相关指标来衡量规模效应[164]。最典型的有地区生产总值、规模以上工业企业新产品销售收入及规模以上工业企业开发新产品经费。

区域协同创新网络中，人才聚集效应的特征表现多种多样，本书在参考国内外大量文献的基础上，结合相关统计年鉴的指标数据和人才聚集效应的七大效应特征，构建指标体系（见表3-1），分析人才聚集效应特征在区域经济发展中的作用。

表 3-1 人才聚集效应评价指标体系

总指标	一级指标	二级指标（单位）	指标代码
人才聚集效应特征	信息共享效应	互联网上网人数（万户）	X1
		互联网普及率	X2
		信息传输、计算机服务和软件方面全社会固定资产投资额（亿元）	X3
	知识溢出效应	普通高等院校数量（个）	X4
		普通高等院校毕业生人数（人）	X5
		每十万人口高等院校平均在校生（人）	X6
	创新效应	专利授权量（人）	X7
		高新技术企业（个）	X8
		地方财政科技支出（亿元）	X9
	时间效应	新技术市场成交额（亿元）	X10
		图书新出版总数（万册）	X11
		图书馆新书（万册）	X12
	规模效应	地区生产总值（亿元）	X13
		规模以上工业企业新产品销售收入（亿元）	X14
		规模以上工业企业开发新产品经费（亿元）	X15
	经济效应	GDP 同比增长	X16
		外商直接投资额（亿美元）	X17
		规模以上工业企业增加值占 GDP 比重	X18
	人才成长效应	人均教育经费（元）	X19
		科技三项费用（亿元）	X20
		高等教育生均公共财政预算教育事业费（元）	X21

3.3.2 测量过程

（1）主成分分析法的基本原理

主成分分析的主要功能是通过降维处理技术整合简化指标，可以克服因指标之间关联而导致得出统计数据所反映的信息在一定程度上可能重叠的缺陷，其优点是经过主成分分析法的处理能用简化后的主成分反映原始大量指标的信息，且这些主成分相互独立，可以表示为原始指标的某种线性组合。

（2）数据选取及处理过程

本书以山西省为例研究基于人才聚集效应的区域协同创新网络，因此，收集了山西省人才聚集的相关数据（见附表1），借助统计软件SPSS 22.0，运用PCA分析法测量人才聚集评价指标体系中各效应特征的重要程度，其过程大致可分为以下几个步骤。

① 确定测评指标矩阵。

通过已确定的人才聚集效应评价指标体系查找和计算样本数据，整理得到评价矩阵（见附表2）。

② 主成分分析前的前提条件检验。

借助指标的相关系数矩阵、KMO检验和Bartlett球形检验考察所收集到的原始指标数据之间是否存在一定的相关性，是否适合采用主成分分析法提取主成分。

采用统计软件SPSS 22.0，得出原始数据的相关系数矩阵。从原始指标数据间相关系数可以看出各指标的相关程度较高，线性关系明显，提取主成分可行性较强，结果显示用主成分分析法处理原始数据比较恰当。

利用统计软件SPSS 22.0，计算得到的KMO检验和Bartlett球形检验统计量，见表3-2。其中，KMO值为0.763，按照统计学普遍采用的标准，KMO的值高于0.6，则适合主成分分析。Bartlett球形检验概率为0.000，小于显著性水平0.01，因此可以得出相关系数矩阵不是单位矩阵，原始数据指标具有相关性，可以进行主成分分析。

附表 1 原始数据

地区	年份	信息共享效应			知识溢出效应			创新效应			时间效应		
		互联网上网人数（万户）	互联网普及率	信息传输计算机服务和软件全社会固定资产投资（亿元）	普通高等院校数量（个）	普通高等学校毕业生人数（人）	每10万人口高等学校平均在校生（人）	专利数量（人）	高新技术企业（个）	地方财政科技支出（亿元）	新技术市场成交额（亿元）	图书新出版总数（万册）	图书馆新书（万册）
太原市	2015年	148.96	34.50%	17.3	43	103530	9758	1533	376	16.38	52.43	4468	5.7
	2014年	143.01	33.30%	29.3	43	98564	9326	1023	269	14.15	13.8	3568	4.8
	2013年	133.12	31.10%	26.5	43	99379	8854	723	174	11.29	15.2	3789	3.9
	2012年	123.39	29.00%	25.7	43	95773	8416	588	156	9.56	12.3	5563	3
	2011年	103.878	24.50%	10.6	43	90097	8073	368	140	7.76	10.09	2456	2.9
	2010年	87.5947	23.50%	12.5	36	97398	8400	280	128	4.7	7.65	3127	2.4
	2009年	79.0144	22.60%	25.1	36	92359	9233	106	100	3.7	7.87	2890	1.9
大同市	2015年	76.56	22.50%	0.35	1	6814	801	679	19	1.4	2.3	208	4.8
	2014年	61.25	18.10%	1.3	1	7826	883	419	17	1.29	0.32	184	4
	2013年	49.92	14.80%	1.5	1	7817	889	485	15	1.16	0.31	168	3.4
	2012年	41.76	10.50%	1.2	1	5986	820	402	13	1.04	0.3	145	2.5
	2011年	22.3597	6.70%	0.89	1	8370	816	323	9	1.06	0.29	126	1.9
	2010年	18.6195	6.20%	1.9	1	10898	823	244	5	0.9	0.28	103	1.5
	2009年	18.2665	5.70%	3.9	1	9989	858	168	3	0.6	0.27	88	1

续表

地区	年份	信息共享效应		知识溢出效应				创新效应			时间效应		
		互联网上网人数（万户）	互联网普及率	信息传输计算机服务和软件业全社会固定资产投资（亿元）	普通高等院校数量（个）	普通高等学校毕业生人数（人）	每10万人口高等学校平均在校生（人）	专利数量（人）	高新技术企业（个）	地方财政科技支出（亿元）	新技术市场成交额（亿元）	图书新出版总数（万册）	图书馆新书（万册）
阳泉市	2014年	151.78	108.90%	16.2	2	4020	920.3	249	54	0.83	0.53	173	2.2
	2013年	59.39	30.76%	15.4	2	3356	992.4	311	50	0.92	0.46	153	4.3
	2012年	27	19.58%	12.7	2	2997	870.12	520	44	0.98	0.57	148	5.2
	2011年	19.86	14.45%	1.14	2	2986	738.39	220	42	0.8	0.48	126	4
	2010年	19.62	15.06%	3.74	2	2301	717.99	213	42	0.73	0.43	118	3.2
晋中市	2014年	61.3	18.46%	0.38	16	26614	4210	528	38	1.93	44.9	186	2.3
	2013年	52.73	15.96%	0.9	16	17877	3204.63	544	25	1.73	34.8	149	3.7
	2012年	46.27	14.07%	1.1	9	16833	2479.07	476	15	1.41	22.7	158	5.7
	2011年	41.45	12.68%	1.5	9	16392	1889.22	337	14	1.19	23.2	132	4.2
	2010年	29.68	9.12%	0.9	7	15579	1772.61	324	11	1.01	20.5	125	3.3
长治市	2015年	53.8	16.70%	3.4	5	8385	992	1667	36	1.86	2.1	123	6.8
	2014年	51.4	15.10%	2.8	5	8352	985	739	32	1.47	2.4	121	3.9
	2013年	50	14.76%	52.36	5	8320	956	830	18	2.82	3.1	119	13.7
	2012年	45.2	13.41%	0.0838	6	8358	962	689	14	2.58	5.2	117	20.8

续表

地区	年份	信息共享效应			知识溢出效应			创新效应				时间效应	
		互联网上网人数（万户）	互联网普及率	信息传输计算机服务和软件全社会固定资产投资（亿元）	普通高等院校数量（个）	普通高等学校毕业生人数（人）	每10万人口高等学校平均在校生（人）	专利数量（人）	高新技术企业（个）	地方财政科技支出（亿元）	新技术市场成交额（亿元）	图书新出版总数（万册）	图书馆新书（万册）
长治市	2011年	37.13	11.07%	2.6	6	8281	914	1197	12	2.31	2.81	114	11.9
	2010年	29.95	8.98%	3.7	6	11499	1116	770	10	1.46	2.29	109	7.7
	2009年	23.97	7.27%	2.1	6	8919	925	667	8	1.19	2.08	105	7.7
晋城市	2015年	43.6	18.83%	2.5	3	8304	359	916	34	2.03	1.322	978	4.026
	2014年	37.5	16.24%	1.8	3	8740	379	823	25	1.98	1.675	831	3.905
	2013年	34.9	15.17%	0.2	3	7335	319	1197	17	2.16	2.043	729	3.887
	2012年	31.8	13.88%	1.2	3	7902	345	1127	11	1.92	2.964	693	3.006
	2011年	25.1	10.98%	2.7	3	8742	383	1008	8	1.51	4.788	680	2.804
	2010年	18	7.89%	0.8	4	6851	397	660	7	1.28	1.947	467	2.134
	2009年	13.1	5.86%	0.1835	4	6679	371	621	3	1.09	1.432	412	1.502
临汾市	2014年	64.49	14.60%	6.9	4	11397	1004.65	1429	28	1.39	1.93	123	2.364
	2013年	64.37	14.66%	5.16	4	11847	985.49	1190	23	1.69	1.456	121	1.184
	2012年	53.1	12.16%	3.6	4	11664	946.43	830	19	1.46	1.138	120	4.94
	2011年	43.55	10.02%	0.53762	4	12016	911.96	635	18	1.15	1.26	116	4.761
	2010年	55.2	12.78%	0.77917	4	9991	887.43	495	11	1.04	1.12	115	7.585

续表

地区	年份	信息共享效应			知识溢出效应			创新效应			时间效应		
		互联网上网人数（万户）	互联网普及率	信息传输计算机服务和软件全社会固定资产投资（亿元）	普通高等院校数量（个）	普通高等学校毕业生人数（人）	每10万人口高等学校平均在校生（人）	专利数量（人）	高新技术企业（个）	地方财政科技支出（亿元）	新技术市场成交额（亿元）	图书新出版总数（万册）	图书馆新书（万册）
吕梁市	2014年	49.6	13.01%	0.2	3	7040	1226.5	143	15	1.58	0.965	105.4	2.6004
	2013年	46.5	12.26%	1.1	3	8155	1269.28	210	11	2.59	0.728	103.7	1.776
	2012年	39.59	10.49%	0.7	3	7672	1209.78	277	8	1.87	0.569	101.15	3.705
	2011年	32.67	8.71%	0.3	3	6392	1150.28	922	5	1.42	0.63	100.3	3.3327
	2010年	26.6	7.13%	0.7738	3	4644	1193.06	590	2	1.17	0.5	98.6	4.551
运城市	2014年	72.4	14%	1.9505	7	10049	956.32	867	38	1.83	1.4475	124	3.562
	2013年	67.6	12.94%	1.5404	7	9461	888.7	699	20	1.82	1.092	122	2.742
	2012年	59.8	11.51%	1.1899	7	7892	783.85	636	12	1.53	0.8535	119	4.835
	2011年	47.5	9.19%	0.9	4	6845	548.97	362	7	1.33	0.945	118	1.695
	2010年	39.8	7.74%	4.5	4	6768	397.35	395	4	1.1	0.75	116	6.563
忻州市	2015年	39	12.42%	1.9	2	6116	655	437	25	1.73	0.7629	103	3.4
	2014年	37	11.94%	2.6	2	6926	962	387	20	0.86	0.8526	100	3.1
	2013年	34	10.91%	3.2	2	9641	928	390	13	1.78	0.551	96	4.2
	2012年	39	12.47%	0.2	2	7513	861	245	10	1.64	0.24455	94	4.3

续表

地区	年份	信息共享效应			知识溢出效应			创新效应				时间效应	
		互联网上网人数（万户）	互联网普及率	信息传输计算机服务和软件业全社会固定资产投资（亿元）	普通高等院校数量（个）	普通高等学校毕业生人数（人）	每10万人口高等学校平均在校生（人）	专利数量（人）	高新技术企业（个）	地方财政科技支出（亿元）	新技术市场成交额（亿元）	图书新出版总数（万册）	图书馆新书（万册）
忻州市	2011年	38	12.30%	0.1	2	5082	589	256	8	1.15	0.2607	92	2.9
	2010年	34	11.76%	0.2	2	4857	521	124	7	0.89	0.2731	91	2.7
	2009年	31	10.01%	0.2	2	4528	419	271	5	0.73	0.2507	89	2.3
	2015年	25.3	14.10%	0.21	2	5423	308	246	21	1.06	0.9694	776	3.778
	2014年	20.46	11.20%	0.09	2	3906	235	1064	17	0.97	0.8568	690	3.022
	2013年	18.49	10.60%	0.102	2	2600	149	1245	14	1.41	0.576	604	2.971
朔州市	2012年	19.6	11.30%	0.2146	2	5000	290	770	13	1.24	0.519	583	2.22
	2011年	6.4143	3.72%	0.26	2	4083	237	455	9	0.98	24.5	498	2.074
	2010年	4.0166	2.34%	0.38	2	4000	229	319	5	0.73	1.5	437	1.879
	2009年	3.8342	2.48%	0.4	2	5000	324	295	3	0.57	1.2	387	1.256

附表 2 相关系数矩阵

指标	Z1	Z2	Z3	Z4	Z5	Z6	Z7	Z8	Z9	Z10	Z11	Z12	Z13	Z14	Z15	Z16	Z17	Z18	Z19	Z20	Z21
Z1	1	0.743	0.595	0.751	0.743	0.755	0.189	0.787	0.767	0.381	0.682	0.052	0.766	0.582	−0.013	−0.296	0.737	−0.425	0.012	−0.036	−0.124
Z2	0.743	1	0.434	0.323	0.321	0.348	0.013	0.44	0.332	0.149	0.324	−0.016	0.273	0.299	0.091	−0.275	0.435	−0.254	−0.097	0.198	−0.027
Z3	0.595	0.434	1	0.591	0.598	0.598	0.109	0.577	0.589	0.176	0.581	0.234	0.567	0.445	−0.1	−0.251	0.618	−0.225	−0.145	−0.005	−0.104
Z4	0.751	0.323	0.591	1	0.984	0.983	0.115	0.863	0.881	0.544	0.912	0.003	0.863	0.725	−0.088	−0.111	0.788	−0.44	−0.19	−0.048	−0.219
Z5	0.743	0.321	0.598	0.984	1	0.986	0.087	0.871	0.878	0.485	0.932	−0.046	0.853	0.756	−0.12	−0.115	0.773	−0.445	−0.178	−0.1	−0.191
Z6	0.755	0.348	0.598	0.983	0.986	1	0.049	0.867	0.861	0.557	0.891	−0.034	0.834	0.757	−0.016	−0.132	0.761	−0.438	−0.193	−0.011	−0.18
Z7	0.189	0.013	0.109	0.115	0.087	0.049	1	0.26	0.308	0.147	0.171	0.259	0.416	0.101	−0.253	−0.164	0.359	0.082	−0.025	−0.243	−0.316
Z8	0.787	0.44	0.577	0.863	0.871	0.867	0.26	1	0.954	0.545	0.862	0.013	0.825	0.728	−0.098	−0.153	0.839	−0.43	−0.142	−0.019	−0.155
Z9	0.767	0.332	0.589	0.881	0.878	0.861	0.308	0.954	1	0.516	0.88	0.093	0.898	0.774	−0.095	−0.116	0.896	−0.337	−0.133	−0.147	−0.172
Z10	0.381	0.149	0.176	0.544	0.485	0.557	0.147	0.545	0.516	1	0.413	0.024	0.45	0.398	0.124	−0.075	0.388	−0.282	−0.212	0.296	−0.189
Z11	0.682	0.324	0.581	0.912	0.932	0.891	0.171	0.862	0.88	0.413	1	−0.076	0.829	0.787	−0.179	−0.105	0.805	−0.388	−0.223	−0.156	−0.219
Z12	0.052	−0.016	0.234	0.003	−0.046	−0.034	0.259	0.013	0.093	0.024	−0.076	1	0.162	−0.057	−0.1	0.074	0.138	0.216	−0.075	0.01	−0.003
Z13	0.766	0.273	0.567	0.863	0.853	0.834	0.416	0.825	0.898	0.45	0.829	0.162	1	0.756	−0.05	−0.217	0.864	−0.217	−0.179	−0.237	−0.391
Z14	0.582	0.299	0.445	0.725	0.756	0.757	0.101	0.728	0.774	0.398	0.787	−0.057	0.756	1	0.175	−0.108	0.805	−0.102	−0.444	−0.111	−0.259
Z15	−0.013	0.091	−0.1	−0.088	−0.12	−0.016	−0.253	−0.098	−0.095	0.124	−0.179	−0.1	−0.05	0.175	1	0.008	−0.001	0.488	−0.22	0.352	−0.155
Z16	−0.296	−0.275	−0.251	−0.111	−0.115	−0.132	−0.164	−0.153	−0.116	−0.075	−0.105	0.074	−0.217	−0.108	0.008	1	−0.2	0.142	−0.092	0.151	0.133
Z17	0.737	0.435	0.618	0.788	0.773	0.761	0.359	0.839	0.896	0.388	0.805	0.138	0.864	0.805	−0.001	−0.2	1	−0.175	−0.33	−0.066	−0.28
Z18	−0.425	−0.254	−0.225	−0.44	−0.445	−0.438	0.082	−0.43	−0.337	−0.282	−0.388	0.216	−0.217	−0.102	0.488	0.142	−0.175	1	−0.207	−0.087	−0.209
Z19	0.012	−0.097	−0.145	−0.19	−0.178	−0.193	−0.025	−0.142	−0.133	−0.212	−0.223	−0.075	−0.179	−0.444	−0.22	−0.092	−0.33	−0.207	1	−0.184	0.501
Z20	−0.036	0.198	−0.005	−0.048	−0.1	−0.011	−0.243	−0.019	−0.147	0.296	−0.156	0.01	−0.237	−0.111	0.352	0.151	−0.066	−0.087	−0.184	1	−0.019
Z21	−0.124	−0.027	−0.104	−0.219	−0.191	−0.18	−0.316	−0.155	−0.172	−0.189	−0.219	−0.003	−0.391	−0.259	−0.155	0.133	−0.28	−0.209	0.501	−0.019	1

表 3–2　KMO 和 Bartlett 的检验

取样足够度的 Kaiser–Meyer–Olkin 度量		0.763
Bartlett 的球形度检验	近似卡方	1790.979
	Df	210
	Sig	0.000

③ 对样本数据进行标准化处理。

通过统计软件对所选取的各原始指标进行标准化处理，指标的无量纲化可以消除指标间的量纲影响，从而使数据具有可比性，常用的方法是 Z–score 法，计算公式为

$$z_{ij} = \frac{x_{ij} - \overline{x}_j}{\sqrt{\mathrm{var}(x_j)}} \qquad (3-1)$$

其中，$\overline{x} = \sum_{i=1}^{n} \frac{x_{ij}}{n}$ 为均值，$\mathrm{var}(x_j) = \sum_{i=1}^{n} \frac{(x_{i_j} - \overline{x}_j)^2}{n-1}$ 为方差 ($i = 1, 2, 3, \cdots, n; j = 1, 2, 3, \cdots, m$)。

④ 计算相关系数矩阵 $\boldsymbol{R}$。

计算所得的相关系数矩阵为量纲后指标 Z_i 与 Z_j 的相关系数矩阵。

$$\boldsymbol{R} = \begin{matrix} r_{11} & r_{12} & \cdots & r_{1m} \\ r_{21} & r_{22} & \cdots & r_{2m} \\ \vdots & \vdots & & \vdots \\ r_{1m} & r_{2m} & \cdots & r_{mm} \end{matrix} \qquad (3-2)$$

在公式（3–2）中，$r_{ij} (i, j = 1, 2, \cdots, p)$ 为相关系数，其计算公式为

$$r_{ij} = \frac{\sum_{k=1}^{n}(Z_{ki} - \bar{Z}_{kj})}{\sqrt{\sum_{k=1}^{n}(Z_{ki} - \bar{Z}_i)^2 \sum_{k=1}^{n}(Z_{ki} - \bar{Z}_j)^2}} \quad (3-3)$$

再者，通过 R（实对称矩阵，即 $r_{ij} = r_{ji}$）可以发现各测评指标间的相关状况，从而能够看出指标间的信息重叠程度，量纲后指标的相关系数矩阵见附表2。

⑤ 计算特征值与特征向量、主成分的贡献率及累计贡献率。

解特征方程 $|\lambda I - R| = 0$，求出特征值 λ_i ($i = 1, 2, \cdots, m$)，并使其按大小顺序排列，即 $\lambda_1 \geq \lambda_2 \geq \cdots \geq \lambda_m \geq 0$，特征值 $\lambda_1, \lambda_2, \cdots, \lambda_p$ 分别对应第一，第二，……，第 p ($p \leq m$) 个主成分；分别求出对应于特征值 λ_i 的特征向量 e_i ($i = 1, 2, \cdots, m$)，要求 $\|e_i\| = 1$，其中 e_{ij} 表示向量 e_i 的第 j 个分量；第 i 个主成分的（方差）贡献率：$\lambda_i \cdot \left(\sum_{k=1}^{m} \lambda_k\right)^{-1}$；前 p 个主成分的累计（方差）贡献率：$\alpha_p = \sum_{k=1}^{p} \lambda_k \cdot \left(\sum_{k=1}^{m} \lambda_k\right)^{-1}$。

观察表3-3可以看出，有6个主成分被提取，分别解释21个指标变量总方差的46.201%、10.22%、8.826%、6.773%、5.686%、5.089%，累计方差贡献率为82.794%，表明提取的主成分涵盖了原始指标82.794%的信息。

表3-3 解释的总方差

成分	初始特征值			提取平方和载入			旋转平方和载入		
	合计	方差的百分比/%	累积百分比/%	合计	方差的百分比/%	累积百分比/%	合计	方差的百分比/%	累积百分比/%
1	9.702	46.201	46.201	9.702	46.201	46.201	9.119	43.425	43.425
2	2.146	10.22	56.421	2.146	10.22	56.421	2.013	9.587	53.012
3	1.853	8.826	65.247	1.853	8.826	65.247	1.763	8.396	61.408
4	1.422	6.773	72.019	1.422	6.773	72.019	1.65	7.858	69.265

续表

成分	初始特征值			提取平方和载入			旋转平方和载入		
	合计	方差的百分比/%	累积百分比/%	合计	方差的百分比/%	累积百分比/%	合计	方差的百分比/%	累积百分比/%
5	1.194	5.686	77.706	1.194	5.686	77.706	1.524	7.257	76.522
6	1.069	5.089	82.794	1.069	5.089	82.794	1.317	6.272	82.794
7	0.872	4.15	86.944						
8	0.688	3.277	90.222						
9	0.517	2.463	92.685						
10	0.43	2.046	94.731						
11	0.305	1.452	96.184						
12	0.206	0.979	97.163						
13	0.19	0.904	98.067						
14	0.134	0.64	98.707						
15	0.107	0.508	99.215						
16	0.072	0.345	99.559						
17	0.049	0.231	99.79						
18	0.022	0.103	99.893						
19	0.014	0.065	99.959						
20	0.006	0.03	99.989						
21	0.002	0.011	100						

提取方法：主成分分析法

⑥ 计算主成分载荷。

第 i 个指标对第 k 个主成分的载荷：

$$\rho(y_k, z_i) = e_{ki}\sqrt{\lambda_k}, (j, k = 1, 2, 3, \cdots, m) \quad (3\text{--}4)$$

运用统计软件 SPSS 22.0 分析可以得到主成分载荷矩阵，由表 3-4 看出各因素在各主成分上有很高的载荷，选取的 6 个主成分基本上反映了全部指标的信息。

表 3-4　主成分载荷矩阵

指标	成分					
	1	2	3	4	5	6
Z1	0.842	-0.167	0.1	0.37	-0.028	0.042
Z2	0.462	-0.068	0.32	0.669	-0.048	0.067
Z3	0.668	-0.062	-0.042	0.325	0.137	0.267
Z4	0.948	-0.055	0.084	-0.177	0.029	0.009
Z5	0.946	-0.093	0.078	-0.202	-0.034	0.058
Z6	0.25	0.091	-0.715	0.174	0.144	-0.394
Z7	0.942	-0.042	0.167	-0.158	-0.003	0.038
Z8	0.938	-0.078	0.039	-0.021	0.068	-0.04
Z9	0.949	-0.038	-0.1	-0.085	0.07	0.055
Z10	0.542	0.177	0.273	-0.129	0.276	-0.491
Z11	0.924	-0.066	-0.021	-0.211	-0.084	0.065
Z12	0.044	0.157	-0.42	0.278	0.719	0.233
Z13	0.919	0.09	-0.269	-0.024	-0.027	-0.002
Z14	0.813	0.288	0.037	-0.151	-0.195	0.197
Z15	-0.072	0.66	0.428	0.183	-0.192	0.203
Z16	-0.214	0.137	0.13	-0.577	0.472	0.292
Z17	0.901	0.166	-0.14	0.1	0.016	0.096
Z18	-0.399	0.671	-0.302	0.085	-0.087	0.346
Z19	-0.238	-0.726	-0.052	0.125	-0.011	0.04
Z20	-0.073	0.289	0.685	0.187	0.435	-0.269
Z21	-0.265	-0.622	0.26	-0.006	0.211	0.398

进而可计算出主成分得分系数矩阵，见表3-5，其公式为

$$F_i = V_i /SQR \ (i = 1, 2, 3)$$ （3-5）

表3-5 主成分得分系数矩阵

指标	成分					
	1	2	3	4	5	6
Z1	0.2703	−0.114	0.0735	0.3103	−0.0256	−0.0271
Z2	0.1483	−0.0464	0.2351	0.561	−0.0439	−0.0464
Z3	0.2145	−0.0423	−0.0309	0.2725	0.1254	0.1325
Z4	0.3044	−0.0375	0.0617	−0.1484	0.0265	0.028
Z5	0.3037	−0.0635	0.0573	−0.1694	−0.0311	−0.0329
Z6	0.0803	0.0621	−0.5253	0.1459	0.1318	0.1393
Z7	0.3024	−0.0287	0.1227	−0.1325	−0.0027	−0.0029
Z8	0.3011	−0.0532	0.0287	−0.0176	0.0622	0.0658
Z9	0.3047	−0.0259	−0.0735	−0.0713	0.0641	0.0677
Z10	0.174	0.1208	0.2006	−0.1082	0.2526	0.2669
Z11	0.2966	−0.0451	−0.0154	−0.1769	−0.0769	−0.0812
Z12	0.0141	0.1072	−0.3085	0.2331	0.658	0.6954
Z13	0.295	0.0614	−0.1976	−0.0201	−0.0247	−0.0261
Z14	0.261	0.1966	0.0272	−0.1266	−0.1785	−0.1886
Z15	−0.0231	0.4505	0.3144	0.1535	−0.1757	−0.1857
Z16	−0.0687	0.0935	0.0955	−0.4839	0.432	0.4565
Z17	0.2893	0.1133	−0.1028	0.0839	0.0146	0.0155
Z18	−0.1281	0.458	−0.2219	0.0713	−0.0796	−0.0841
Z19	−0.0764	−0.4956	−0.0382	0.1048	−0.0101	−0.0106
Z20	−0.0234	0.1973	0.5032	0.1568	0.3981	0.4207
Z21	−0.0851	−0.4246	0.191	−0.005	0.1931	0.2041

提取方法：主成分分析法。旋转法：具有Kaiser标准化的正交旋转法。构成得分

⑦ 计算各指标权重，并进行归一化处理。

通过主成分得分系数矩阵中的数据以及公式求出各指标的权重，见表3–6，公式为

$$F_i = \sum_{i=1}^{21} Z_{ij} \times \lambda_j \quad (i = 1, 2, 3, \cdots, 21; j = 1, 2, 3, \cdots, 6) \quad （3–6）$$

表 3–6　指标权重

指标	X1	X2	X3	X4	X5	X6	X7	X8	X9	X10	X11
权重 F	0.1664	0.1416	0.15	0.1636	0.1501	0.0258	0.1675	0.1716	0.162	0.1586	0.1339
指标	X12	X13	X14	X15	X16	X17	X18	X19	X20	X21	
权重 F	0.0951	0.1464	0.1389	0.0652	0.0022	0.1733	0.0436	0.1009	0.1309	0.0542	

将上述结果进行归一化处理得到表3–7。

表 3–7　归一化后的指标权重

指标	X1	X2	X3	X4	X5	X6	X7	X8	X9	X10	X11
权重 F	0.0655	0.0557	0.059	0.0644	0.0591	0.0102	0.0659	0.0675	0.0637	0.0624	0.0527
指标	X12	X13	X14	X15	X16	X17	X18	X19	X20	X21	
权重 F	0.0374	0.0576	0.0546	0.0257	0.0009	0.0682	0.0172	0.0397	0.0515	0.0213	

⑧ 通过归一化后的指标权重对七个效应进行排序（见表3–8）。

由表3–8可以得出：人才聚集效应特征评价的重要性排序由高到低依次是创新效应、信息共享效应、时间效应、规模效应、知识溢出效应、人才成长效应和经济效应。人才聚集的目的是人才资源合理配置与整合，因此，人才聚集效应最直观体现为创新效应、信息共享效应、时间效应、规模效应和人才成长

效应,均是通过创新效应形成的创新成果作用于区域经济发展,产生经济效应,提升区域经济水平。

表 3-8 指标体系排序

总指标	一级指标	二级指标	指标	二级指标权重得分	一级指标权重得分
人才聚集效应	创新效应	专利授权量(人)	X7	0.0659	0.1971
		高新技术企业(个)	X8	0.0675	
		地方财政科技支出(亿元)	X9	0.0637	
	信息共享效应	互联网上网人数(万户)	X1	0.0655	0.1802
		互联网普及率	X2	0.0557	
		信息传输、计算机服务和软件方面全社会固定资产投资额(亿元)	X3	0.0059	
	时间效应	新技术市场成交额(亿元)	X10	0.0624	0.1525
		图书新出版总数(万册)	X11	0.0527	
		图书馆新书(万册)	X12	0.0374	
	规模效应	地区生产总值(亿元)	X13	0.0576	0.1379
		规模以上工业企业新产品销售收入(亿元)	X14	0.0546	
		规模以上工业企业开发新产品经费(亿元)	X15	0.0257	
	知识溢出效应	普通高等院校数量(个)	X4	0.0644	0.1337
		普通高等院校毕业生人数(人)	X5	0.0591	
		每十万人口高等院校平均在校生(人)	X6	0.0102	
	人才成长效应	人均教育经费(元)	X19	0.0397	0.1125
		科技三项费用(亿元)	X20	0.0515	
		高等教育生均公共财政预算教育事业费(元)	X21	0.0213	
	经济效应	GDP 同比增长	X16	0.0009	0.0863
		外商直接投资额(亿美元)	X17	0.0682	
		规模以上工业企业增加值占 GDP 比重	X18	0.0172	

3.4 人才聚集效应特征评价

本书借鉴前人研究成果，总结出了人才聚集效应的七大特征表现，即创新效应、信息共享效应、时间效应、规模效应、知识溢出效应、人才成长效应、经济效应，并就此结合大量文献以及相关统计年鉴构建了相应的指标体系来分析人才聚集效应在区域经济发展中的作用。

通过主成分分析法对相关数据的处理，本书得出了评价指标体系中各效应特征的重要性程度，目的是为后续的内容提供理论支撑。值得关注的是，依据本书构建的评价指标体系显示，创新效应在人才聚集效应特征中有着关键性作用。在当前"大众创业、万众创新"的号召下，"双创"观念深入人心，从而激发了人们的创新意识，创新活动和创新成果不断涌现。无论是在我国东部创新成果比较丰富的地区，还是中西部创新条件依然有欠缺的地区，创新发展都已成为区域经济提升的重要手段。从本部分主成分分析法的结果来看，山西省人才聚集的过程中，人才聚集效应特征表现明显，创新效应比较突出，这一结果比较符合区域创新现实表现。人才聚集过程中的信息共享效应、时间效应、规模效应、知识溢出效应、人才成长效应，都会在不同的时间，以不同的方式，通过创新成果的实现而转化为创新效应，并最终通过创新效应的转化形成区域经济效应，作用于经济的发展。由此研究结果，本研究才能将人才聚集效应特征与区域协同创新联系起来，构建基于人才聚集效应的区域协同创新网络，并对其进行分析。因此，本部分为后续章节的研究提供了有力的支持。

3.5 小结及阶段性研究成果

本部分界定了人才聚集效应的含义，分析了人才聚集效应的特征，运用主成分分析法对人才聚集效应特征评价的重要性进行排序，由高到低依次是创新效应、信息共享效应、时间效应、规模效应、知识溢出效应、人才成长效应和经济效应，为后续人才聚集效应与区域创新网络连接机理分析及基于人才聚集效应的区域协同网络模型构建奠定了基础。本部分研究内容已撰写论文发表于《科技管理研究》杂志，具体内容见附录1《社会资本对人才聚集的影响分析》。

第 4 章 人才聚集效应与区域协同创新网络连接机理分析

伴随着经济全球化的不断深入，世界经济发展呈现区域化特征，不同区域间跨学科、跨部门的科技协作与交流活动持续进行，协同创新在科技活动中的作用日益显著，并逐渐成为区域科技成果产生与发展的重要形式。协同创新系统包含诸多创新要素资源。相对于物质资源而言，人才作为特殊的经济要素，具有较高的资本含量和较强的社会财富创造能力。以知识、信息积累为主的人才是创新动力的主要来源，是创新要素中最灵活、最具有生命力的要素资源。人才不仅有获取知识的渴望，而且具有将知识整合并运用的能力，知识必须通过不同的人才协作来实现创新。同时，协同创新系统创新成果的产生与转化，也必须依靠人才资源的优化配置和协同，人才聚集水平是制约区域经济增长的重要因素。

人才聚集在区域经济发展中的作用显而易见。如 Romer 认为，人力资本是经济发展的重要因素之一，尤其是科学技术人员数量和水平程度是保持经济增长的动力，人才聚集是聚集经济的前提。牛冲槐等认为，人才聚集在和谐环境中将产生"1+1>2"的人才聚集效应，人才聚集效应能极大地促进人才作用的发挥，能有效地推动区域技术创新和区域经济发展。创新理论认为，创新的源动力来自人才，区域协同创新网络本质上是聚集地人才聚集所形成的复杂关系的集合。在一定程度上，发展区域协同创新网络的关键在于人才聚集与合理分布，核心在于人才聚集效应的实现。但在实践中，人才聚集产生的效应并不是直接作用于区域经济发展，而是在繁杂的区域协同创新网络中通过人才聚集进行知识交融，形成创新成果，进而产生区域经济效应，促进区域经济发展。

4.1 人才聚集效应与区域协同创新网络关系分析

4.1.1 人才聚集效应理论分析

从第 3 章对人才聚集效应的量化分析可见，聚集是以特殊形式形成的一种特定关联，人才聚集即人才以特定形式形成的特定关联；是在人才的流动中，大量类型相同或相关的人才按照特定的联系，在某一地区（物理空间）或某一行业（虚拟空间）所形成的聚类现象。根据人才流动的引致性动因和驱致性动因及人才聚集效应分析，人才聚集效应特征表现为创新效应、时间效应、知识溢出效应、经济效应、人才成长效应、信息共享效应、规模效应，通过这些效应特征作用于区域协同创新过程，提升区域创新能力，促进区域经济发展（如图 4–1 所示）。

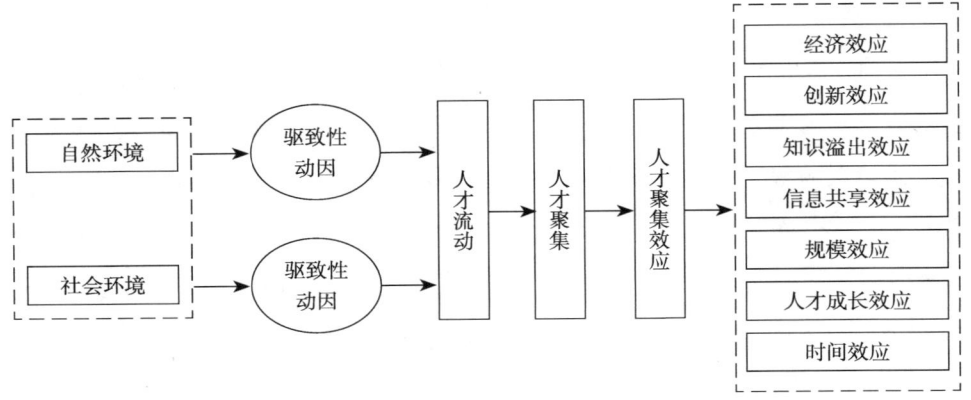

图 4-1 人才聚集效应系统

4.1.2 协同创新网络理论分析

协同创新是指创新资源和要素冲破创新主体间的壁垒，充分释放彼此间人才、资本、信息、技术等创新要素活力而实现有效汇聚与合作。协同创新大多为组织内各行动者共同形成的知识（思维意识、专业技能、先进技术）分享机制。在这一机制中，各独立的主体拥有相同的目标和内在动力，通过直接对话的方式，并依靠现代信息技术手段构建资源交易平台，进行全方位交流与多样化协作。

协同创新网络是为了获取创新资源、实现创新目的、赢得创新优势，各创新主体（行动者）在交流的过程中出现的各种繁杂网络关系的聚集。创新主体（行动者）包括政府、高校、科研机构、企业、金融机构和中介机构等。协同创新网络多为组织内各行动者共同形成的知识（思想、专业技能、技术）共享机制网络，特征是各单独的创新主体拥有相同的目标和内在动力，依靠现代信息技术构建资源平台，进行多方位交流和多样化协作。具体如图 4-2 所示。

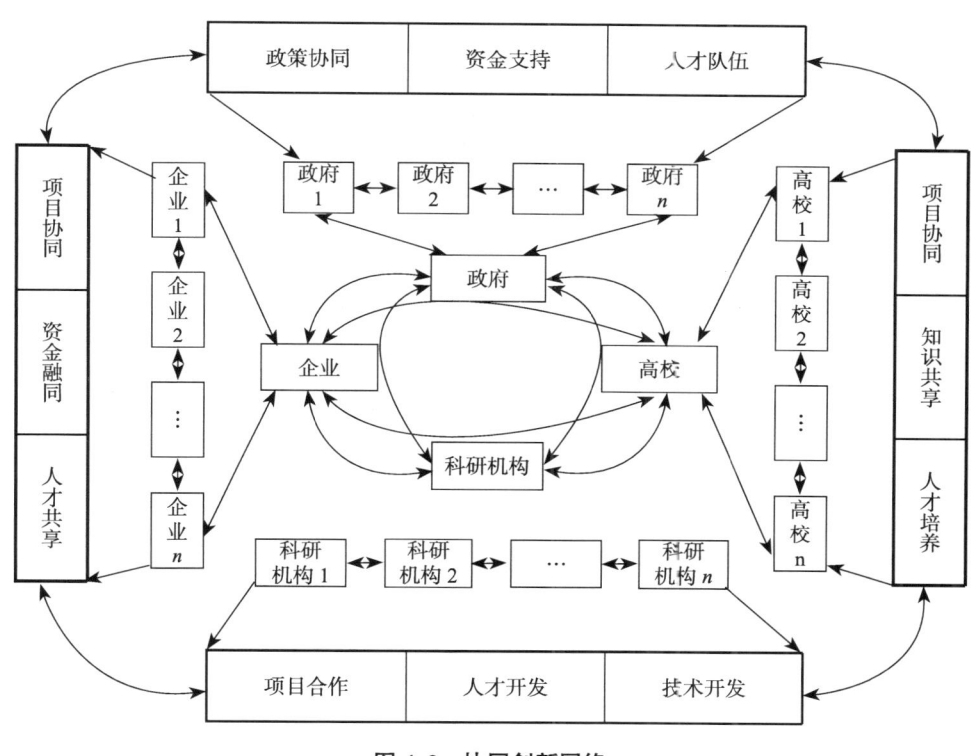

图 4-2 协同创新网络

4.1.3 人才聚集效应与区域协同创新网络关系分析

区域中各创新主体的相关人才，在相互沟通和信息共享的基础上，通过知识转让、共同研发等方式，提升其开放和交互力度，产生人才聚集效应，并进一步作用于区域协同创新网络。人才聚集效应在区域协同创新网络中的特征表现多种多样，根据本书第三章对人才聚集效应的量化分析结果，可以从创新效应、信息共享效应、时间效应、规模效应、知识溢出效应、人才成长效应、经济效应七大特征分析其与区域协同创新网络的关系。具体表现见表4-1所示。

表4-1 人才聚集效应在协同创新网络中的作用分析

人才聚集效应特征	理论依据	表现方式	关注焦点	协同创新网络效果体现
创新效应	创新理论	创新成果形成与应用	创新成果风险降低	创新累积优势
信息共享效应	资源共享理论	无时空障碍	行动一致性	无障碍沟通交流
时间效应	时间价值理论	共同合作研发时点	时效性	网络结构洞变化
规模效应	规模经济理论	更多学习、就业机会	加总效应	知识积累、经济效益提升
知识溢出效应	知识转移理论	显性知识自由流动 隐性知识互动共享	互惠与信任	多元知识传播渠道
人才成长效应	干中学理论	集体学习	人才知识聚集	个体创新能力提升
经济效应	成本效益理论	消除障碍、降低成本	低成本高效益	经济性

区域协同创新网络的运行是通过对区域内有关科技资源与信息、先进知识与技术、人才培养与运用、资金融通与扶持，以及政府政策制定与支持等资源要素的高效运作和有效整合，使政府（创新网络组织者和协调者）、高校和科研机构（创新的原动力，知识和技术的重要提供者）、企业（创新资源投入和技术开发的主力军，技术产业化的实践者）等网络节点在金融机构与中介机构构建的资金与服务平台中相互作用、相互激发，实现良好的组合和运作，各尽所能，各司其职，从而取得"1+1＞2"的协同创新效应。

4.2 人才聚集与协同创新网络作用机理分析

4.2.1 人才聚集各效应在协同创新网络中的作用分析

协同创新网络中各行动者，在相互沟通和信息共享的基础上，通过知识专利转让、共同研发等，提升其开放和交互力度，从而提高区域协同创新网络的绩效，最终实现人才聚集效应。根据第三章构建的人才聚集效应特征指标体系，结合表 4-1 人才聚集效应在协同创新网络中的作用分析内容，本书所阐述的人才聚集效应特征在协同创新网络中的作用机理具体表现如下。

（1）创新效应

创新意味着与众不同，新颖独特。人才个体对于知识的理解水平的不同，会涌现各种各样的创新行为，形成创新效应。在协同创新网络中，人才聚集实现的创新效应可以形成创新成果，增加地方财政收入，并在大多高新技术企业中得以实现。这样，政府、高校、科研机构、企业间合作交流，共享互动，为人才的思想创新提供了平台，促进了创新结果的出现与运用。同时，人才聚集的创新效应又使创新风险大大降低，形成人才聚集条件下的创新积累优势。创新效应对区域协同创新网络的作用机理如图 4-3 所示。

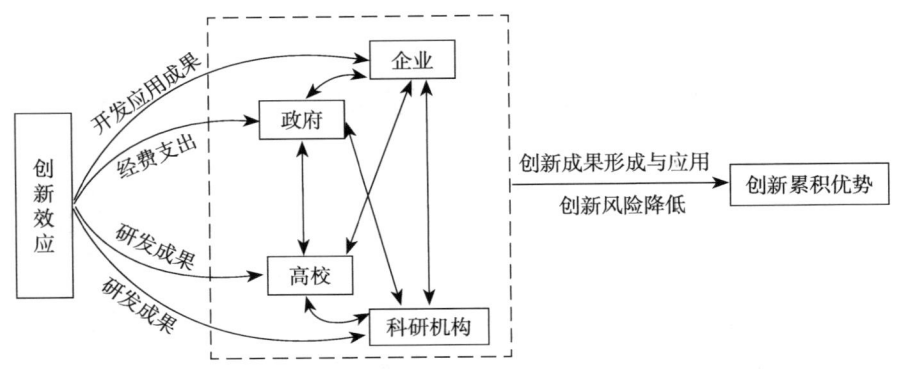

图 4-3 创新效应与区域协同创新网络的作用机理

（2）信息共享效应

拥有知识技术的人才聚集使得创新项目、创新资源、创新服务等行动各方的信息要素在协同创新网络内实现"面对面"充分互动与共享。随着IT技术和互联网的发展，以及信息基础设施和信息媒介的普及，行动各方联系越来越紧密，在高度信任和无时空障碍的沟通与交流基础上，使得创新主体各方行动者的创新行动达成一致，实现知识、技术和资源的高速传播。信息共享效应对区域协同创新网络的作用机理如图4-4所示。

（3）时间效应

随着科学技术的飞速发展，高校、企业、政府、科研机构等行动者相关人才所掌握的知识和技术也具有非常显著的时效性。人才聚集时间效应表现为在一定时空或特定的交易平台中，以区域内图书馆新书和图书新书总数为表现形式的知识技术存量及创新成果在新市场的交易额所表现的未来知识溢出能力在创新主体间互换融合，形成新的时间效应。协同创新网络行动者之间的相互联系也受时间的影响，表现在知识技术使用时间、合作时间、共同研发时段等方面。

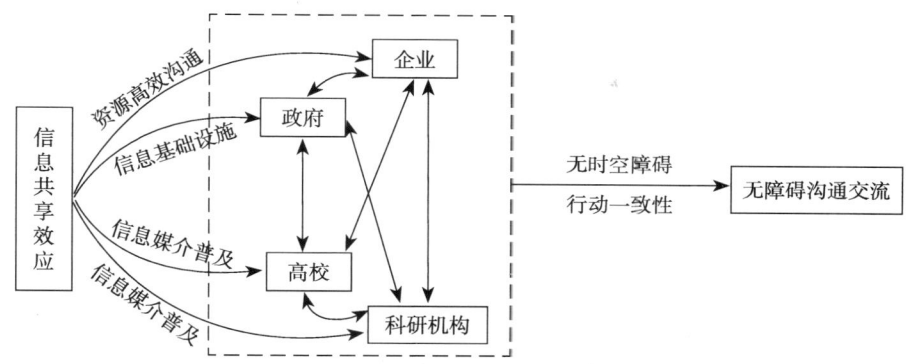

图 4-4 信息共享效应与区域协同创新网络的作用机理

因此,时间效应的作用结果会导致区域协同创新网络结构洞发生变化。时间效应对区域协同创新网络的作用机理如图 4-5 所示。

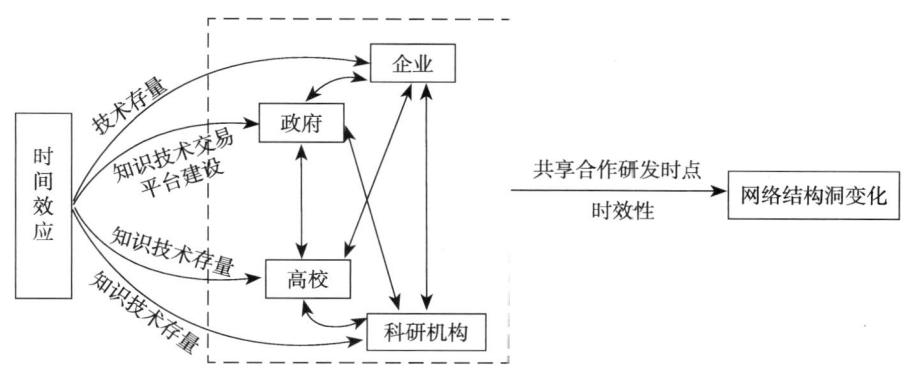

图 4-5 时间效应与区域协同创新网络的作用机理

(4) 规模效应

规模是事物发展到一定程度发生质变的临界点。在区域协同创新网络中,企业、高校、政府与科研机构各行动者相关人才的有效聚集达到一定程度，产生"人才聚集效应"，人才聚集规模效应促进相应范围内人才、经济规模的增长，经济总量的增长为创新成果的应用与转化提供了有力的支持，为社会成员创造经济效益的同时，也提供了更多的就业机会和学习机会，并能吸引更多的人才加入聚集，从而在新的规模上实现新的更多的人才聚集效应。规模效应是事物量变引发质变的过程，区域内知识、技能的量变到质变的过程，一定是区域经济效益从量的变化到质的飞跃的过程，规模效应对区域协同创新网络的作用机理如图4-6所示。

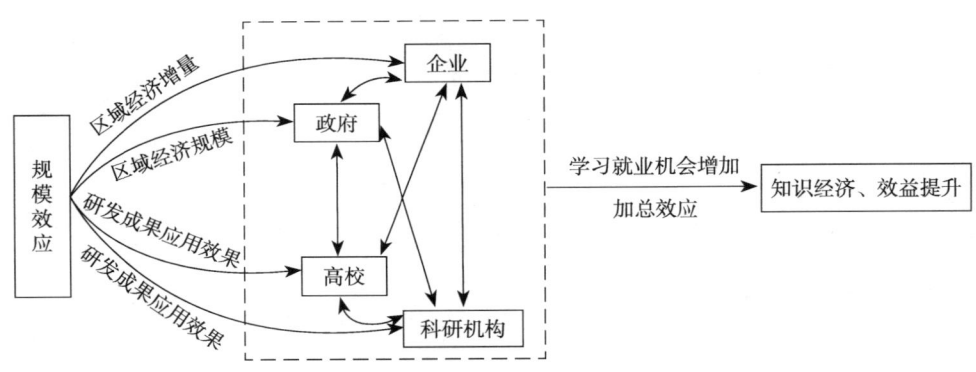

图 4-6　规模效应与区域协同创新网络的作用机理

（5）知识溢出效应

创新网络内部出现的知识溢出效应是推动区域协同创新网络发展和区域经济增长的最根本动力，是提高创新产出和效率的动力。知识与技术的溢出主体以高校及科研机构为主，而企业是知识和技术溢出的承接者，二者在政府提供的基础信息平台中进行显性与隐性知识的经验交流与分享。其中，显性知识可通过信息基础设施和信息媒介传播，隐性知识通过非正式交流和互动学习实现其转移。区域协同创新网络中的网络内主体可以通过信息基础设施和各种信息媒介，在相互信任的基础上，形成多元知识传播渠道。知识溢出效应对区域协同创新网络的作用机理如图4-7所示。

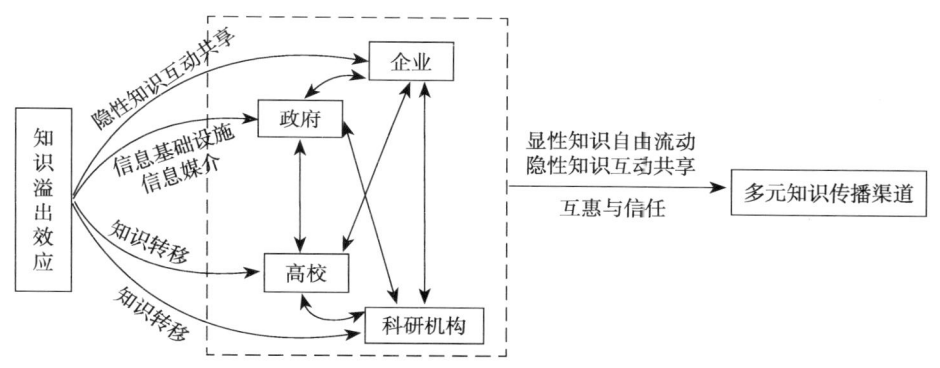

图 4-7　知识溢出效应与区域协同创新网络的作用机理

（6）人才成长效应

当人才聚集达到一定的规模时，人才聚集效应会使学习成本降低。尤其是在知识型的区域协同网络的各创新主体间，人才交流的时空距离缩短，人才获得某项技能的时间和成本大大减少。人才成长效应主要以区域内教育与科技经费等的投入来表现，人才能力的提升又可以以新的成果获得高额的投入回报，并时刻感染着周边的人才形成和创造集体学习的平台和机会，并不断地交流提升自己的创新能力。人才成长效应对区域协同创新网络的作用机理如图4-8所示。

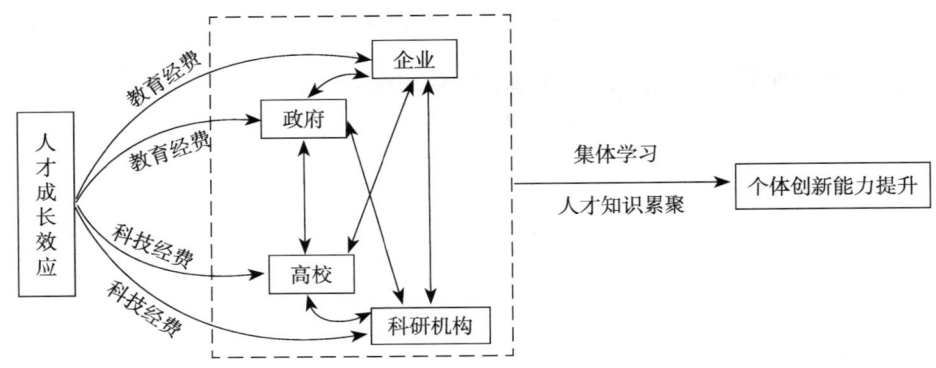

图 4-8　人才成长效应与区域协同创新网络的作用机理

（7）经济效应

从本质上讲，无论是对于创新主体，还是人才个体，人才聚集的主要目的都是以成本效益理论为基础，只有低成本高效益，才能体现人才聚集的价值。人才聚集产生的经济效应可以消除协同创新网络障碍，缩短创新主体间的连接路径，使得原本由一定时空隔离的信息和人才汇集在一起，相互之间信息传递的成本降低，产生经济性。人才聚集的经济效应主要以其对区域经济增长的贡献、企业的投资效果来表现。经济效应对区域协同创新网络的作用机理如图 4-9 所示。

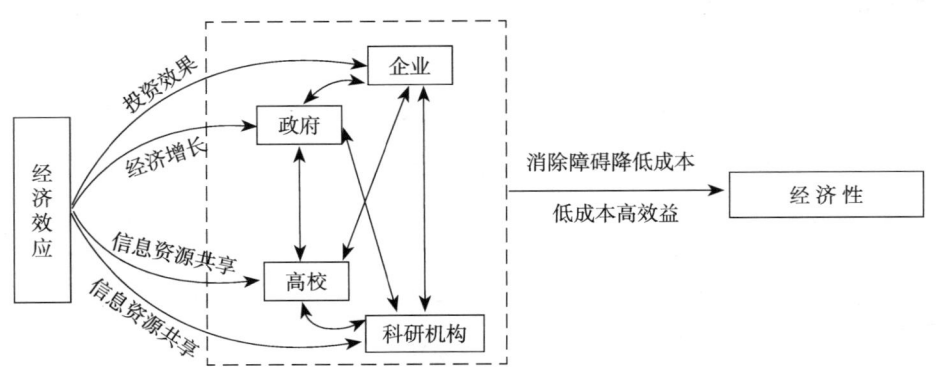

图 4-9　经济效应与区域协同创新网络的作用机理

4.2.2 人才聚集效应与区域协同创新网络连接理论模型

在人才聚集效应的作用下,多个网络行动者节点在通过中介机构、金融机构连接形成的资源平台上,通过信息共享、成果转化等行为互动,实现各节点的协同创新效应最大化,使得区域协同创新能力得到提升。反之,区域创新能力的提升会通过影响区域经济发展,进一步吸引更高层次人才会聚,从而形成新的、更高水平的人才聚集效应。因此,人才聚集效应与协同创新网络间相互作用,互相影响,共同形成有效互动、良性循环的有机演进过程,具体如图 4-10 所示。

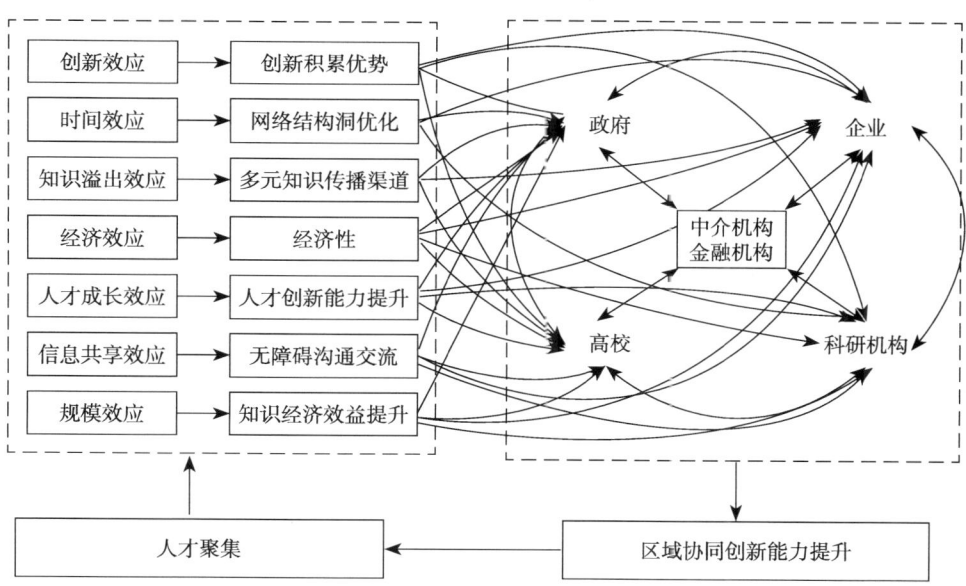

图 4-10 基于人才聚集效应的区域协同创新网络连接理论模型

4.3 小结及阶段性研究成果

本章主要通过分析创新效应、信息共享效应、时间效应、规模效应、知识溢出效应、人才成长效应和经济效应等在企业、政府、高校、科研机构形成区域协同网络中的具体体现，研究了人才聚集七大效应与协同创新网络的关系，非常深刻地揭示了基于人才聚集效应的区域协同创新网络连接机理，为基于人才聚集的区域协同创新网络构建与分析打下理论基础。

本部分相关研究内容已发表于《科技进步与对策》杂志，具体内容见附录2《科技环境与科技型人才聚集效应作用机理研究》。

第 5 章 基于人才聚集的区域协同创新网络模型分析

5.1 社会网络分析方法的理论分析

近年来,社会网络分析作为一种应用性很强的社会学研究方法,对社会学的发展有着突出的贡献。社会网络分析产生于 20 世纪 30 年代,成熟于 20 世纪 80 年代,社会网络分析方法的核心思想是将研究对象抽象为事物及事物之间的社会关系的集合,也就是研究社会网络节点(用户)和节点之间的联系(用户之间关系)。"社会网络"指的是社会行动者及行动者之间的关系的集合。社会网络由多个点和行动者之间的连线组成,其中点表示各个社会行动者,连线表示行动者之间的关系。在最初的发展阶段,社会网络分析的主要研究内容是社会实体之间的关系连接及其连接模式、形成的结构、连接后所能运行的功能;这一分析方法在社会行为分析中的应用甚广,如社交网络、信息传播、团队建设等方面。近年来被广泛应用于分析国家贸易关系或社会人物关系、发现和理解社会结构、研究组织通信行为等方面。

　　社会网络的表达有两种形式——图和矩阵。这是因为图和矩阵都比较紧凑简洁，有系统性，而且允许我们利用计算机分析数据，此外，它们拥有自己的规则和约定。这些可以帮助我们看到一些仅凭语言看不到的东西。

　　角色和地位是社会网络分析方法中必不可少的概念。地位，即所有行动者的集合，而角色指的是地位之间获得关系的模式。它们被转化为分析多重关系网络中行动者结构的相似性和关系模式的程序。社会网络分析方法在数学上和形式上不同，但是它们有一个共同的目标，即通过以简单易懂的形式替换繁杂的社会网络数据这一方式，揭示关系网络中的相似行动者，以及描述多重关系网络中关系之间的联系。角色的定义在概念上、理论上、形式上都取决于地位的定义。处于相同地位的行动者之间有相似的行为或联系，但这种联系建立在行动者子集之间联系的相似性上，而不是建立在邻接性、接近度或可达性上，例如：不同学校的教师和学生都有相似的联系，但是这些教师之间不一定相互认识。

　　本书中，区域协同创新网络体系主要包含政府、企业、中介机构及金融机构、高等院校、科研机构这六类部门。政府是协同创新活动的重要主体，政府为协同效应的形成提供政策支持。高等院校是协同创新的人才提供者，是协同创新的主力军之一。科研机构是协同创新的中流砥柱，唯有创新成果和理论的支持，协同创新才能得以维系。企业是协同创新的驱动力，通过技术革新带动产业升级，最终将创新成果转化为市场价值。中介机构在区域协同创新发展中主要提供服务。而金融机构保障区域协同创新网络的资金供给，为创新活动提供资金支持。由于政府、高校、科研机构和企业之间有相似的人才、资本、信息、技术等资源的交流，但是中介机构和金融机构主要发挥促进区域内网络连接的作用，相对于政府、高校、科研机构和企业来说并不具有相似的行为和联系，也就是说并不具有相同的地位，因此本书在构建区域协同创新网络时选择政府、高校、科研机构、企业作为主体要素，而对于中介机构和金融机构则不予讨论。

5.2 区域协同创新网络数理分析

5.2.1 地位角色分析

社会网络的地位和角色分析有两个关键方面：识别出具有相似联系的行动者集合的社会地位，以及作出关于行动者之间和地位之间的联系系统的社会角色建模。社会网络的地位和角色分析的任务如图 5-1 所示。从包含一系列关系的一组网络数据开始（多重关系数据集），最终的目标是将行动者按它们的关系相似性划分成不同的地位，同时，根据网络把行动者或地位连接起来，描述关系之间的联系。在图 5-1 中，可供选择的路径（从上到下）包括分类行动者、标准地位分析和（从左到右）研究关系之间的联系、常规的角色分析。完整的地位和角色分析会生成行动者的地位分类，以及联系这些地位的关系系统的模型。

（1）地位关系分析

地位关系分析的一个主要目标是简化网络数据集中的信息。地位分析包括以下四个步骤：等价的形式定义；评价关于给定的网络数据集中的行动者子集相似的程度；等价性的表示方法；对表示法适当性的评估。

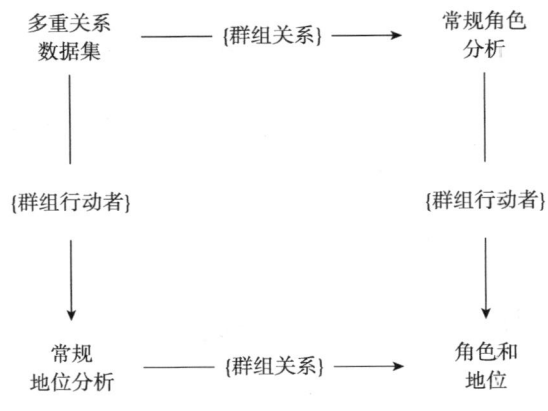

图 5-1 地位和角色分析

等价性的形式定义是考虑网络中行动者是否等价的形式化数学条件。第二步是根据第一步的定义，衡量等价的标准，被最广泛应用的方法是欧几里得距离法。欧几里得距离公式为

$$D_{ij} = \sqrt{\sum_{k=1}^{g}\left[\left(x_{ik}-x_{jk}\right)^2 + \left(x_{ki}-x_{kj}\right)^2\right]} \qquad (5-1)$$

其中，x_{ik} 表示单一关系中从行动者 i 到行动者 k 的联系值。在公式（5-1）中，如果行动者 i 和行动者 j 是等价的，那么在社会网络矩阵中，它们各自的行和列的值是相同的，它们之间的欧几里得距离是 0。如果它们之间不等价，那么欧几里得距离将很大。等价性的表示法主要是将网络数据集中的信息用简单的形式表示出来，并且对这些表示做出解释。在社会网络分析中经常用多维标度法表示行动者之间的等价性。多维标度法是一种试图在低纬度空间中表示元素之间的相似性（或不相似性）的数据分析方法。行动者等价性越高就越接近。图 5-2 就是多维标度法的一个结果图。

第 5 章　基于人才聚集的区域协同创新网络模型分析

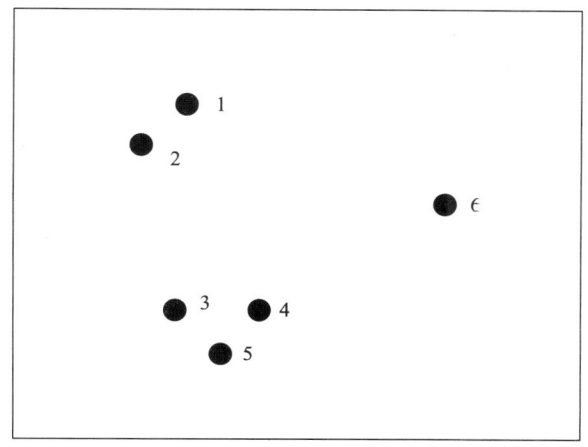

图 5–2　多维标度

图 5-2 中，行动者 1 和行动者 2 的等价性较高，行动者 3 和行动者 4、行动者 5 的等价性较高，而行动者 6 和其他行动者的等价性较低。本研究中，政府、高校、科研机构和企业四类创新主体要素的欧几里得距离是 0，因此它们是等价的。

（2）角色关系分析

在具体社会系统中研究关系间的联系是角色分析的目标。社会角色分析关注于关系及这些关系之间的联系，而不是行动者或者行动者子集的网络性质。

本书中的协同创新网络包含了协同创新网络的内部构造，以及不同类型创新主体要素在协同创新中运作的关系。在区域性的协同创新网络内部，政府、高校、科研机构及企业共同作用，促进区域协同创新水平的提高。在这些主体中，两个主体间可能存在正式或非正式的协同创新关系，具体表现在以人才为核心的资本、信息、技术之间的交流，例如：第一，区域内政府对其他创新要素之间以人才为主的政策和资金扶持；第二，区域内各类创新主体要素间人才的流动和沟通，有利于区域整体和局部的人力资源高效配置；第三，区域内的各级政府、科研机构、高等院校、企业之间联动合作，以研究性课题为契机，实现对区域内外，局部与整体各类资源的整合和合理利用；第四，区域内的各个创新主体，在平等互惠的前提之下，精诚合作，开展以人才和创新为核心的区域内部以及区域外拓展合作的综合发展规划，以实现区域整体的最优发展；第五，整体规划要在环境保护和环境创新的基础上进行，各创新主体要积极进行各类创新技术的研发及运用，使区域经济发展和环境保护齐头并进，保障区域可持续发展。

5.2.2 社会网络表达方法

（1）关系网络的图形表达法

18世纪，瑞士著名数学家欧拉在解决格尼斯堡七桥问题时提出了图的分析方法。20世纪中叶，心理学家卡特赖特和数学家哈拉里将图论引入了社会科学领域。图论不仅可以准确表达各种类型的社会结构，而且将社会结构的属性定量化，能够更直观地反映社会结构。

关系网络图由点和点之间的连线组成，其中点表示各个社会行动者，连结表示行动者之间的关系。网络图有多种分类方法，根据不同的分类方法可以分为1—模的和2—模的，可以分为多值的和二值的，还可以分为有方向的和无方向的，将由此得来的图称为社群图。本书所用的是有向图。

（2）关系网络的矩阵表达法

当社群图中有很多点时，图形就会很复杂，准确分析关系的结构就会有难度，这时候最好用矩阵来表达关系网络。

矩阵是多个元素的有规律的排列，用行和列来表示。依据行列的数目是否相同，可将矩阵分为长方阵和方阵两类。当行和列属于同一行动者集合，矩阵中的要素代表集合内各行动者之间的关系，形成 1- 模网络。当行和列属于不同行动者集合，矩阵中的要素分别表示不同行动者集合内部各个行动者之间的关系，形成的网络是 2- 模网络。关系网络图和矩阵表达法如图 5–3 所示。

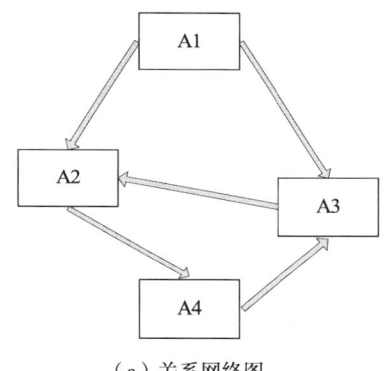

	A1	A2	A3	A4
A1	1	0	1	0
A2	1	0	0	1
A3	0	1	0	1
A4	0	0	1	0

（a）关系网络图　　　　　　　（b）矩阵表达法

图 5–3　关系网络图表达法和矩阵表达法

5.2.3　整体网分析

（1）网络密度

网络密度是网络内部实际存在关系数量占初始可能存在关系数量的比重，主要用于衡量网络内部各成员联系的紧密程度。如果整体网是无向关系网，假设有 n 个行动者，关系总数最多为 $n(n-1)/2$；而实际关系数若是 m，则该网络的密度是 $m/n(n-1)/2 = 2m/n(n-1)$。如果整体网是有向关系网，则最多的关

系数是 $n(n-1)$，整体网络密度是 $m/n(n-1)$，网络密度值介于 0 和 1 之间，网络密度越大，意味着现实存在的关系占比越高，行动者之间联系越紧密，则该网络对其内部行动者的态度、行为等产生的影响就越大。网络密度计算公式如表 5–1 所示。

表 5–1 网络密度计算公式

整体网类型	行动者数目	实际关系数	最大关系数	整体网密度
无向关系网	n	m	$n(n-1)/2$	$2m/n(n-1)$
有向关系网	n	m	$n(n-1)$	$m/n(n-1)$

在区域协同创新网络中，各创新主体间的协同创新是无向的，因为协同创新是一种双向关系，它反映了创新主体间的平等地位。在此网络中，创新主体 i 和创新主体 j 之间的关系是 $G_{ij}=G_{ji}$，各创新主体之间的实际关系数是 m，最多关系是 $n(n-1)/2$，因此协同创新网络的密度是 $2m/n(n-1)$。由密度大小可以评价系统创新网络内部成员之间的亲密程度，从宏观上了解山西协同创新的程度。

（2）网络中心势

网络中心势，即整体网络的中心性特征，指网络在多大程度上接近于一个绝对中心化的星形网络。中心势的公式为

$$C=\frac{\sum_{i=1}^{N} C_{d\max}-C_{di}}{N-2} \quad (5-2)$$

其中，$C_{d\max}$ 表示区域协同创新主体中最大点度中心度的数值；C_{di} 表示创新主体 i 的点度中心度的数值。星形网络的网络中心势是 100%，环形网络的网络中心势是 0。一般而言，网络中心势越大，说明网络各创新主体的集中性越强，反之则说明网络联系分散，不利于其发展。研究网络中心势对于分析区域协同

创新网络的集中程度有重要作用。

（3）网络平均距离

在社会网络分析中，两点之间可能有多种路径，它们之间的距离是其中最优路径的长度。网络平均距离指的是网络中各行动者之间的平均距离，即各创新主体间的平均距离。网络平均距离的公式为

$$L = \frac{1}{\frac{1}{2}N(N-1)} \sum_{i \geqslant j} d_{ij} \ (i \neq j) \quad (5-3)$$

其中，L 表示山西省区域协同创新网络中创新主体间的平均距离；d_{ij} 是任意两个创新主体 i 和 j 之间的距离；N 是创新主体的数目。该距离的凝聚力指数为其相对数测度指标。在本书中，通过网络平均距离的数值可以得出整体的平均距离和对应的凝聚力指数。凝聚力指数对应协同创新网络的凝聚力，凝聚力指数越大，说明该协同创新网络越具有凝聚力。

总之，密度、网络中心势及网络平均距离都是从宏观角度分析区域协同创新网络的发展程度，可以大致了解区域协同创新网络各主体的优势及劣势。

5.2.4 个体网分析

结构洞概念首先由伯特在 1992 年提出，他的研究指出，"非冗余的联系人被结构洞所连接，一个结构洞是两个行动者之间的非冗余的联系"，即对于同处一个社会网络的行动者，若其中一个行动者分别连接的两个行动者间无联系，则此行动者即处于网络结构洞中。在本研究中，区域协同创新网络中若一个创新主体所连接的另外两个创新主体之间无直接联系，则该创新主体处于结构洞。

判断结构洞有两个标准，分别是凝聚性和对等性。凝聚性指如果与一个行动者连接的两个行动者之间存在直接的关系，凝聚力加大，冗余性也增强；对等性指两个行动者与网络中的其他行动者之间共享同样的关系。结构洞可以被看作一种社会资本，能够为处于结构洞中的行动者获取信息和掌控信息提供便利，使得此行动者比其他位置上的行动者更具竞争优势。

伯特的结构洞指标是有效规模、效率、网络约束系数及等级度。有效规模可以测算区域协同创新网络中创新主体要素的整体影响力，这个指标可以定量地衡量处于结构洞中创新主体要素的重要性。效率可以描述各创新主体要素对网络中其他相关创新主体要素的影响程度。处于结构洞中的创新主体的效率一般比较大。网络约束系数衡量一个创新主体对其他创新主体的依赖程度。网络约束系数数值越大，说明该创新主体的依赖性越强；依赖性越强，能力越小，就越不容易跨越结构洞。等级度可以反映处于结构洞中的创新主体的部分特征。等级度表示限制性地围绕着一个创新主体展开的程度。等级度越高，说明该创新主体越居于网络的核心。

有效规模的公式为

$$ES_i = \sum_j \left(1 - \sum_q \left(P_{iq} M_{qj}\right)\right) \quad (5-4)$$

其中，j 表示与创新主体 i 相连的所有创新主体；q 表示除了 i 或 j 之外的第三创新主体；$P_{iq}M_{qj}$ 表示 i 和 j 之间的冗余度；P_{iq} 表示 i 投入 q 的关系所占比例；M_{qj} 表示 j 到 p 的关系强度。

效率的公式为

$$EF_i = \sum_j \left(1 - \sum_q \left(P_{iq} M_{qj}\right)\right) \Big/ T \quad (5-5)$$

其中，$P_{iq}M_{qj}$ 表示创新主体 i 和 j 之间的冗余度；T 指区域协同创新网络的实际规模。

网络约束系数的公式为

$$C_{ij} = P_{ij} + \sum_q \left(P_{iq}M_{qj}\right)^2 \quad (5-6)$$

其中，P_{ij} 表示创新主体 i 投入创新主体 j 的关系所占比例；$P_{iq}M_{qj}$ 表示创新主体 i 和创新主体 j 之间的冗余度。

等级度的公式为

$$H = \frac{\sum_j \left(\dfrac{C_{ij}}{C/N}\right) \ln\left(\dfrac{C_{ij}}{C/N}\right)}{N \ln(N)} \quad (5-7)$$

其中，N 表示创新主体 i 的个体网规模；C/N 表示创新主体网络约束系数的均值；$N\ln(N)$ 表示最大可能的总和值。

区域协同创新网络中，处于省会的重点院校和企业往往处于结构洞的核心位置，因为它们和许多机构都会有协同创新关系，但是其他机构之间并不一定存在协同创新关系，这就使得结构洞产生，处于核心位置的创新主体比其他创新主体更具有竞争力。

5.2.5 凝聚子群分析

当网络中的某些行动者之间存在相对紧密的联系或者联系的频率较高时，这些行动者就能够结合成较小的次级团体，称为凝聚子群。凝聚子群分析，能够化繁为简，简化复杂的整体社会网络结构，是最典型的社会网络子结构分析方法，能够使研究者找出各次级团体之间，次级团体与大团体之间，以及次级团体内各成员之间的关系。

协同创新中两两创新主体间联系紧密程度均不同，因此可以通过凝聚子群分析把整体网络进一步分为许多个次级团体，这些团体中各创新主体联系得很紧密。凝聚子群分析主要是把大团体分成一个个不重叠的小团体，在社会网络分析中，根据理论和计算方法的差异，可以将凝聚子群分析的方法分为以"互惠性"为基础的派系分析，以"可达性和直径"为基础的 $n-$ 派系分析和 $n-$ 宗派分析，以"点度数"为基础的 $k-$ 丛分析和 $k-$ 核分析，以"子群内外关系"为基础的成分分析，块模型分析，以及 Lambda 集合分析等。本研究中用 $n-$ 派系分析法分析山西协同创新网络中次级团体的情况。

（1）派系分析

派系又叫小团体或凝聚子群，是指成员之间的关系是互惠的，成员之间的联系远大于成员和其他团体之间的联系，而且不能向其中加入其他任何成员。一个社会网络关系图中，"派系"指其包含的不少于三个点的最大完备子图。一个派系中至少包含三个成员，这三个成员中任何两个成员之间都是直接连接的，派系形成后不能再向该派系中加入新的节点。因此在社会网络分析中，派系分析就是研究一个社会网络中存在多少个次级团体。不同规模的派系如图5-4所示，从图中可以看出包含4个成员的派系，各成员之间连接6条线，包含5个成员的派系各成员间连接10条线，依此类推，如果一个派系含有 n 个成员，则包含 $n(n-1)/2$ 条线。在山西区域协同创新网络中，如果一个团体中的任意两个创新主体之间都有联系，这个团体就可以形成一个派系。通过派系分析，可以研究山西省区域协同创新网络中有多少个至少包含三个创新主体的最大完备子图。

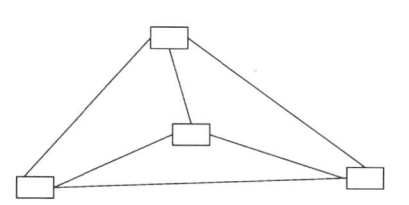 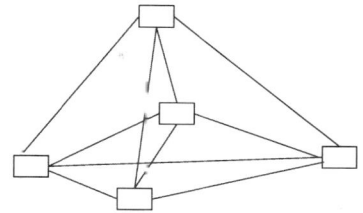

图 5-4 不同规模的派系

(2) 凝聚子群密度分析

凝聚子群密度是子群密度比整个网络的密度所得出的数值,它是指派系林立的程度。凝聚子群密度又称为 E-I 指数,凝聚子群密度的公式为

$$E-I\ index = \frac{EL-IL}{EL+IL} \qquad (5-8)$$

其中,EL 表示山西省区域协同创新网络子群体之间的关系数;IL 表示子群体内部的关系数。凝聚子群的密度值在 [-1, +1] 的值域之间活动。凝聚子群密度的值越向 1 趋近,相应的子群体间外部关系越小。关系大多发生在群体内部,则派系林立程度较大;若密度值越向 -1 趋近,表明关系越倾向于产生在群体外部,说明派系林立程度越小;密度值越趋向 0,说明派系内部和外部关系的数量差异不大,关系倾向于随机分布,派系林立并不显著。

5.2.6 核心—边缘结构分析

核心—边缘结构分析是依据区域协同创新网络中,主体要素间联系的亲疏程度,将在网络中占有比较重要地位的创新主体和与其他创新主体甚少有联系的创新主体分别分至核心区域和边缘区域。核心—边缘结构分析旨在研究出区域协同创新主体中,哪些较重要,处在核心地位;哪些作用较小,处于边缘地位。在一个社会网络中,核心边缘结构如图 5–5 所示,图中中心区域的节点处于核心地位,其他节点处于边缘地位。

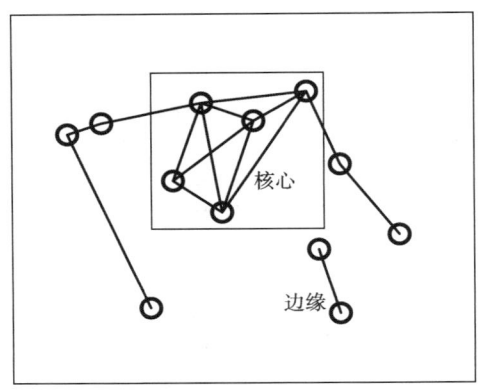

图 5–5　核心—边缘结构

5.2.7　节点的中心性分析

节点的中心性分析是社会网络分析中不可或缺的部分。节点的中心性分析是用来度量节点在网络中处于何种地位,在本书中即创新主体在网络中的重要程度。中心性分析对于研究信息在网络中如何传播,以及优化社会网络有着十分重要的意义。本书中对创新主体的中心性分析包括三个部分,分别为点度中心度、中间中心度及接近中心度。

(1) 点度中心度

点度中心度用来测量创新主体在网络中的核心程度。如果一个创新主体与其他创新主体有较多的联系，那么这个创新主体拥有较多的权利，即处于中心地位。点度中心并指标用创新主体要素与其他创新主体要素连接的个数来衡量。点度中心并包含绝对点度中心并和相对点度中心并。绝对点度中心度是指与该创新主体要素直接相连的创新主体要素的数目。绝对中心度的标准化模式为相对点度中心并。

（2）中间中心度

中间中心度是评价某个创新主体要素在区域协同创新网络中，相较于其他创新主体的"中心程度"的指标。如果一个创新主体要素处在其他许多创新主体要素两两连接的路径上，则该创新主体处在核心位置，具有重要的地位。创新主体的中间中心度越高，其对其他两个创新主体之间交往的控制能力便越强，说明其拥有很高的中介性。

（3）接近中心度

这一指标用来评价一个创新主体与其他创新主体的接近程度，它代表创新主体摆脱其他创新主体束缚或控制的能力大小。在区域协同创新网络内部，一个创新主体要素与其他许多创新主体要素相连接所需要的路径越短，表示该创新主体越接近网络中心，接近中心度越高。我们通过计算某一创新主体与其他创新主体的距离来衡量中心度，距离越短，该创新主体要素到达其他主体越便捷，所以创新主体的接近中心度越小，说明该创新主体要素越处于核心地位。

各中心性的计算公式见表5-2。节点的点度中心度、中间中心度、接近中心度一般情况大小是同步的。在研究山西协同创新网络过程中，通过研究各创新主体的中心性，能够了解哪些创新主体处于极其重要的地位，哪些主体之间协同创新发展欠佳，从而在更好地发挥创新主体优势的同时提高对发展欠佳创新主体的关注度。

表 5–2　中心性指标计算公式

中心性指标	有向图	无向图	说明
点度中心度	$C_{di}=\dfrac{k_1(i)+k_0(i)}{2(N-1)}$	$C_{di}=\dfrac{k_i}{N-1}$	k_j 为与创新主体 i 直接相连的创新主体的个数；$k_1(i)$ 和 $k_0(i)$ 分别为 i 的点入度和点出度；N 为网络中全部创新主体个数
中间中心度	$C_{bi}=\dfrac{1}{2}\sum_{j}\sum_{k}\dfrac{g_{jk}(i)}{g_{jk}}$	$C_{bi}=\sum_{j}\sum_{k}\dfrac{g_{jk}(i)}{g_{jk}}$	g_{jk} 为用来连接创新主体 j 与 k 之间的最短路径的数目；$g_{jk}(i)$ 为创新主体 j 与 k 之间经过创新主体 i 的最短路径的数目
接近中心度	$C_{ci}=\dfrac{N-1}{\sum_{j=1}^{N}d_{ij}}$	$C_{ci}=\dfrac{N-1}{\sum_{j=1}^{N}d_{ij}}$	d_{ij} 为任意两个创新主体 i 和 j 之间的距离

5.3　基于人才聚集效应的协同创新网络模型构建

5.3.1　基于人才聚集效应的协同创新主体关系认定

政府、高校、科研机构、企业四大协同创新主体之间通过信息共享、人才流动等方面有了千丝万缕的联系，这种联系可以称为互动关系，其互动关系可以从不同的研究角度来分析。第三章主成分分析法指出人才聚集效应有创新效应、时间效应、知识溢出效应、经济效应、人才成长效应、信息共享效应和规模效应这七大效应，并给出了各大效应的指标体系。本书基于人才聚集效应的视角，将其创新主体之间的关系通过各大效应的指标来确认有无，同时，对于这种关系，还可以依据关系的紧密程度进行划分，比如划分为强关系、中等关系和弱关系，需要根据人才聚集效应指标构建的矩阵网络图来进一步分析探究。

5.3.2 人才聚集效应指标在图形和矩阵中的表示

研究区域协同创新网络,需要先建立 1-模网络矩阵,再进行分析。协同创新关系是一种单向关系或双向关系。箭头指向资源的流向者。在矩阵的表示中,行和列没有区别,都是政府、高校、科研机构、企业四类创新主体要素。因此创新要素 i 和 j 之间的关系可以定义为 R,R 满足以下条件:

$$R_{ij} \neq R_{ji} \quad (i, j = 1, 2, \cdots, n)$$

如果创新要素 i 和 j 之间存在协同创新关系,则用 1 表示;如果不存在这些关系,则用 0 表示。具体表示为:

$$G_{ij} = \begin{cases} 1, & 创新主体 i 和 j 之间存在协同创新关系 \\ 0, & 创新主体 i 和 j 之间不存在协同创新关系 \end{cases} \quad (5-9)$$

其中,G 表示协同创新网络矩阵。数据的采集主要通过各类统计年鉴、各类媒体和实地走访调查获得。

在图中,创新主体要素间协同创新关系可以通过单向箭头来表示,也可以通过双向箭头来表示。

5.3.3 基于人才聚集效应的协同创新网络模型算例分析

(1) 1-模网络和 2-模网络

社会网络按照模数可以分为 1-模网络和 2-模网络。模是行动者的集合,模数是社会行动者集合类型的个数。

1-模网络是指在一个行动者集合内部每个行动者之间的连接关系组成的网络。例如,一个公司内部职员之间的关系就是 1-模网络。

2-模网络是指两个类型的行动者集合之间的关系构成的网络。比如,作为一个集合的多个公司和作为另外一个集合的多个非营利性组织之间的关系就是2-模网络。2-模网络中有一类特殊的称作隶属网络。这个网络中有两个集合,一个集合为行动者,另一个则是这些行动者所属的部门或事件。

(2) 个体网、局域网和整体网

社会网络按照网络类型可以分为个体网、局域网和整体网。个体网是指某个个体和与其直接连结的个体所组成的网络。局域网是个体网以及与个体网络成员有联系的其他个体组成的网络,局域网根据研究这一标准分类,又可分为2-步局域网和3-步局域网等。整体网是一个集合内部所有成员之间的关系构成的网络。具体表现形式如图5-6所示。本书中针对各创新主体中心度的分析是个体网分析,而针对由四种类型创新主体构成的区域协同创新网络进行的分析是整体网分析。书中不涉及2-步局域网分析。

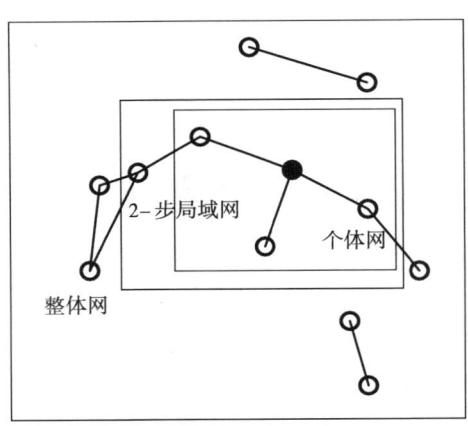

图5-6 个体网、2-步局域网和整体网

(3)区域协同创新网络矩阵模型

根据社会网络的地位和角色分析,选择区域内所有符合条件的政府、高校、科研机构和企业四类创新主体要素作为行和列,将创新主体要素之间的协同创新关系作为矩阵元素,建立区域协同创新网络矩阵模型,部分矩阵如下。

$$A = \begin{pmatrix} a_{11} & a_{12} & a_{13} & \cdots & a_{1n} \\ a_{21} & a_{22} & a_{23} & \cdots & a_{2n} \\ a_{31} & a_{32} & a_{33} & \cdots & a_{3n} \\ \vdots & \vdots & \vdots & \vdots & \vdots \\ a_{m1} & a_{m2} & a_{m3} & \cdots & a_{mn} \end{pmatrix}$$

例如,根据某区域中五个创新主体要素之间是否有协同创新关系可以构建如表 5–3 所示的矩阵。

表 5–3　某组织成员相识关系网络矩阵

	A	B	C	D	E
A	1	1	1	0	1
B	1	1	0	1	0
C	1	0	1	1	1
D	0	1	1	1	0
E	1	0	1	0	1

根据表 5–3 的矩阵可以形成的某区域协同创新网络如图 5–7 所示。

根据此网络可以进行整体网分析、个体网分析、凝聚子群分析、核心—边缘结构分析和节点的中心性分析,从而直观地反映区域的协同创新情况,为进一步提高区域协同创新程度提供数据支持。

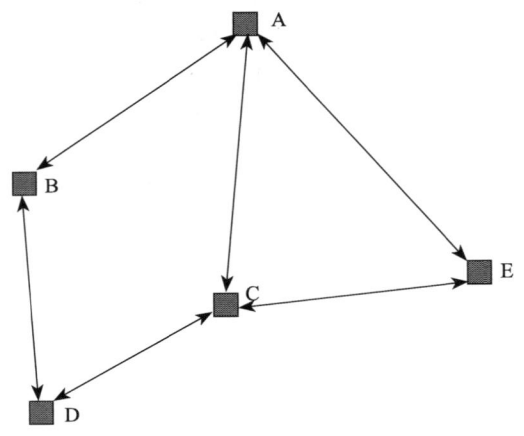

图 5-7 某区域协同创新网络

5.4 小结及阶段性研究成果

本章介绍了社会网络分析方法，并依据这一方法构建了区域协同创新网络模型，从网络密度、网络中心势、网络平均距离、凝聚子群分析、节点的中心度分析等方面阐明社会网络分析的内容，为下一章的网络构建与分析提供模型基础。

在寻找恰当的分析方法过程中，本部分研究试图选取京津冀协同发展取得的的数据，使用超效率 DEA 方法研究协同创新网络效率，研究内容已撰写完成，论文发表于《科技进步与对策》杂志，见附录 3《京津冀协同发展中科技资源配置效率研究——基于超效率 DEA–面板 Tobit 两阶段法》。

第6章　基于人才聚集效应的区域协同创新网络实证分析——以山西省为例

6.1　网络行动者选择

本部分以山西省为例研究基于人才聚集效应的区域协同创新网络，选取了11个地级市政府、18所高校、29所科研机构及38家企业作为行动者构建协同创新网络模型。行动者的选取主要基于以下原因。

政府是区域经济社会及生态环境等信息的具体而全面的掌握者，可以从宏观层面对各行动者行为进行调控，是区域协同创新的引导力量，因此选取山西省11个地级市政府代表山西省整体的政策规划。高等院校（简称高校）是人才的聚集地，拥有丰富的人才资源，在技术、知识领域占有绝对优势，在协同创新过程中有着不可替代的作用，是区域协同创新的主体，也是构建区域协同创新网络不可缺少的因素。科研机构致力于科学研究与探索，拥有丰富的科技人才资源和学术研究成果，对区域经济社会发展起着重要的技术支撑作用。企业是带动区域经济发展的直接力量，是科技成果的实施者和应用者，是创新的实践者。只有在政府政策的正确引导下，经过企业的运用实施，高校、科研机构及企业自身的创新成果，才能转化为现实的生产力，从而真正发挥创新成果的作用，提升区域协同创新程度，进而促进区域经济社会的发展。

由区域协同创新网络关系模型可知：人才聚集通过其实现的效应特征作用于区域创新过程，并在创新过程中形成创新成果，进而作用于区域经济发展。因此，本书在协同创新网络行动者的选择过程中，主要考虑协同创新主体间以人才交流互动为主的合作创新活动。

因中介机构、金融机构在本书研究中仅作为资源平台提供者分析，故行动者选取不予考虑。鉴于解释力度、全面性、数据可取性等因素，本书以山西省创新主体为例，选取11个地级市政府，18所高等学校，29所科研机构，38家企业作为行动者（见表6-1）来构建区域协同创新网络，并对其网络结构进行分析。

表6-1 协同创新网络行动者构成及编号

类别	行动者编号
政府（11个）	1 太原（TY）；2 大同（DT）；3 朔州（SZ）；4 忻州（XZ）；5 晋中（JZ）；6 阳泉（YQ）；7 吕梁（LL）；8 长治（CZ）；9 临汾（LF）；10 晋城（JC）；11 运城（YC）
高校（18所）	12 太原理工大学（TYUT）；13 山西大学（SXU）；14 山西财经大学（SXUFE）；15 中北大学（NUC）；16 山西农业大学（SXAU）；17 太原科技大学（TYUST）；18 山西师范大学（SXNU）；19 山西医科大学（SMU）；20 太原工业学院（TYIT）；21 山西大同大学（DTU）；22 晋中学院（JZU）；23 山西中医学院（SXTCM）；24 太原师范学院（TYNU）；25 长治学院（CZC）；26 运城学院（YCU）；27 吕梁学院（LLU）；28 忻州师范学院（XZTU）；29 长治医学院（CZMC）

续表

类别	行动者编号
科研院所（29所）	30 中国科学院山西煤炭化学研究所（SXICC）；31 山西省化学工业研究所（SXHHY）；32 山西省应用化学研究所（SXIAC）；33 山西省建筑科学研究院（SXSJKY）；34 山西省生物研究所（SXSWS）；35 山西省药物研究所（SXMI）；36 山西省医药与生命科学研究院（SXIML）；37 煤炭科学研究总院太原分院（TYCCRI）；38 中国日用化学工业研究院（RIDCI）；39 中国移动通信第七研究所（NO.7CM）；40 山西省气象科学研究所（SXMI）；41 太原铁路局科学技术研究所（TYRIT）；42 中国兵器工业集团第七研究所（NO.7COII）；43 中国辐射防护研究院（CIRP）；44 中国电子科技集团公司第三十三研究所（CETC）；45 中国电子科技集团公司第二研究所（ERSUO）；46 北方自动控制技术研究所（NACI）；47 核工业第七研究设计院（NO.7NDI）；48 山西省机电设计研究院（SXMEDI）；49 山西省电子科学研究院（SXEI）；50 山西省自动化研究所（SXAI）；51 山西省冶金工业研究所（SXMII）；52 山西省玻璃陶瓷研究所（SXGCI）；53 山西省食品工业研究所（SXFII）；54 山西省交通科学研究院（SXTI）；55 山西省印刷技术研究院（SXPTI）；56 山西省粮油科学研究所（SXGOI）；57 山西省艺术科学研究所（SXYKS）；58 山西五一八研究所（CASC）
企业（38家）	59 山西东杰智能物流装备股份有限公司（SXDJ）；60 晋西车轴股份有限公司（JXCZ）；61 跨境通宝电子商务股份有限公司（KJTB）；62 山西同德化工股份有限公司（SXTD）；63 山西潞安环保能源开发股份有限公司（SXLA）；64 阳煤化工股份有限公司（YMHG）；65 山西通宝能源股份有限公司（SXTB）；66 山西安泰集团股份有限公司（SXAT）；67 山西仟源医药集团股份有限公司（SXQY）；68 阳泉煤业（集团）股份有限公司（YQMY）；69 永泰能源股份有限公司（YTNY）；70 山西太钢不锈钢股份有限公司（SXTG）；71 太原双塔刚玉股份有限公司（TYST）；72 太原重工股份有限公司（TYZG）；73 亚宝药业集团股份有限公司（YBYY）；74 山西永东化工股份有限公司（SXYD）；75 山西振东制药股份有限公司（SXZD）；76 太原煤气化股份有限公司（TYMQ）；77 山西兰花科技创业股份有限公司（SXLH）；78 五矿稀二股份有限公司（WKXT）；79 山西美锦能源股份有限公司（SXMJ）；80 南风化工集团股份有限公司（NFHG）；81 大秦铁路股份有限公司（DQTL）；82 山西杏花村汾酒厂股份有限公司（SXXHC）；83 盛和资源控股股份有限公司（SHZY）；84 山西广和山水文化传播有限公司（SXGH）；85 大同煤业股份有限公司（DTMY）；86 振兴生化股份有限公司（ZXSH）；87 山西西山煤电股份有限公司（XSMD）；88 山西省国新能源股份有限公司（GXNY）；89 山煤国际能源集团股份有限公司（SMGJ）；90 当代东方投资股份有限公司（DDDF）；91 山西三维集团股份有限公司（SXSW）；92 山西证券股份有限公司（SXZQ）；93 太原狮头水泥股份有限公司（TYST）；94 山西焦化股份有限公司（SXJH）；95 山西漳泽电力股份有限公司（SXZZ）；96 太原化工股份有限公司（TYHG）

注：本表内容排序：序号、创新主体名称（创新主体简称）

6.2 数据分析与处理

通过调查收集，我们得到了山西省各地级市政府、高等院校、科研机构和企业有关区域协同创新的数据资料，在此基础上进行了统计与分析。在此过程中，我们把行动者之间存在以人才交流互动为核心的合作创新、资金扶持、校企合作、技术及知识互动、共同研发等关系，在关系矩阵的相应位置记"1"，如果不存在以上关系则在相应位置记"0"。同时定义 a_{ij} 为 i 和 j 之间的关系，其中 $i, j = 1$~11 表示政府，$i, j = 12$~29 表示高校，$i, j = 30$~58 表示科研机构，$i, j = 59$~96。得到山西省区域协同创新关系矩阵如下：

$$A = \begin{pmatrix} a_{11} & a_{12} & a_{13} & \cdots & a_{194} & a_{195} & a_{196} \\ a_{21} & a_{22} & a_{23} & \cdots & a_{294} & a_{295} & a_{296} \\ a_{31} & a_{32} & a_{33} & \cdots & a_{394} & a_{395} & a_{396} \\ \vdots & \vdots & \vdots & \vdots & \vdots & \vdots & \vdots \\ a_{941} & a_{942} & a_{943} & \cdots & a_{9494} & a_{9495} & a_{9496} \\ a_{951} & a_{952} & a_{953} & \cdots & a_{9594} & a_{9595} & a_{9596} \\ a_{961} & a_{962} & a_{963} & \cdots & a_{9694} & a_{9695} & a_{9696} \end{pmatrix}$$

$$= \begin{pmatrix} 1 & 1 & 1 & \cdots & 1 & 1 & 1 \\ 1 & 1 & 1 & \cdots & 1 & 0 & 1 \\ 1 & 1 & 1 & \cdots & 0 & 0 & 0 \\ \vdots & \vdots & \vdots & \vdots & \vdots & \vdots & \vdots \\ 1 & 1 & 0 & \cdots & 1 & 0 & 0 \\ 1 & 0 & 0 & \cdots & 0 & 1 & 0 \\ 1 & 1 & 0 & \cdots & 1 & 1 & 1 \end{pmatrix}$$

第 6 章 基于人才聚集效应的区域协同创新网络实证分析——以山西省为例

将其输入 Ucinet 软件，利用 Netdraw 工具绘制出山西省产、学、研协同创新网络关系，如图 6-1 所示。

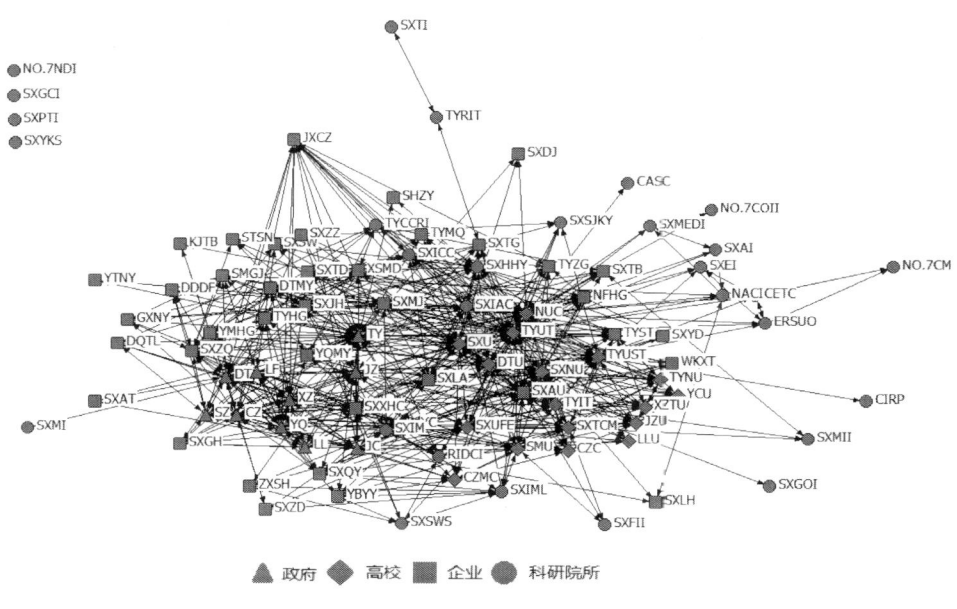

图 6-1 山西省区域协同创新网络关系

6.3 基于人才聚集效应的区域协同创新网络结构分析

6.3.1 整体网络分析

从网络密度、网络中心势、网络平均距离和基于距离的凝聚力指数四方面分析上述协同创新网络结构，结果见表6-2。

表 6-2　整体网络分析结果

网络密度（%）	网络中心势（%）	网络平均距离	基于距离的凝聚力指数（%）
14.8	13.63	1.872	56.5

表 6-2 中基于人才聚集的山西省协同创新网络的密度为 0.148，表明山西省协同创新网络中 14.8% 的人才聚集协同关系在现实中存在，与江苏省协同创新网络密度 0.2298 相比，山西省的网络密度小一些。协同创新网络中心势为 13.63%，表明该网络仅在 13.63% 的程度上接近于一个绝对中心化的星形网络，与江苏省网络中心势 50.96% 相比[165]，山西省人才聚集的中心化程度低，整个网络关系处于较弱的集中水平。根据结果显示，整体网络的平均距离是 1.872，在平均距离为 1.872 基础上的山西省各行为主体人才凝聚力指数表现为 56.5%。这个结果说明，实现网络协同创新的最弱途径的距离是 1.872，在此基础上各创新主体人才之间趋向于完全网络的直接联系。在创新实践中，由于不同创新主体的人才在协同创新过程中所处的领域不同、追求的目标不同、共同研发的动力不足，从而导致整体协同创新网络关系较弱、网络中心势较低。

分别对政府、高校、科研机构、企业做独立的网络密度测度，充分说明了山西省协同创新现状，详见表 6-3。

表 6-3　各协同创新主体间联系

	政府之间	高校之间	科研机构之间	企业之间
各产业主体间网络密度	1.0000	0.6144	0.0443	0.5253

从表 6-3 可以看出，政府与政府之间基于人才聚集效应的区域协同创新网络密度不仅较大程度高于其他创新主体网络密度，而且高于整体网络密度 0.148。可见，山西省各地级市政府较为重视与各创新主体间人才的交流与合作，致力于促进地域创新能力的提高，是协同创新网络中的关键性主体；高校和企业各创新主体间的网络密度分别 0.6144、0.5253，均高于整体网络密度；而科研机构之间创新网络密度仅为 0.0443，低于整体网络密度，与政府的重视程度相比，科研机构之间的创新协同弱化了整个网络创新主体间协同创新的联系。

6.3.2　网络结构洞分析

结构洞分析表明，一个创新主体越是靠近社会网络的核心位置，则与之产生直接联系的另一方创新体就越多，出现的结构洞就越多，两者之间没有参与的第三方，则网络限制就越少，就越能够获得信息利益和控制利益，比其他成员更具竞争优势，其判断标准是有效规模、效率、网络约束系数以及等级度。

由于整体网络密度值为 0.148，说明山西省协同创新网络各创新主体之间的联系不够紧密，交流不够频繁，在整个社群中存在部分成员占据的结构洞，有着利用结构洞优势的可能。通过对网络中的 96 个创新主体进行结构洞相关分析，得出结果如图 6-2 至图 6-5 所示。

有效规模主要衡量节点对其他部分的影响，它代表结构洞节点的作用程度。在有效规模（effective size）指标中，太原理工大学是 41.729，数值最高；其次是太原，为 41.038（如图 6-2 所示）。可见，太原市作为省会城市，拥有一批国家重点建设的高等院校，而太原理工大学作为山西唯一一所"211 工程"大学，政策倾向性与学术创新能力均居于全省主要地位，是山西省协同创新网络构建的重要组成部分。

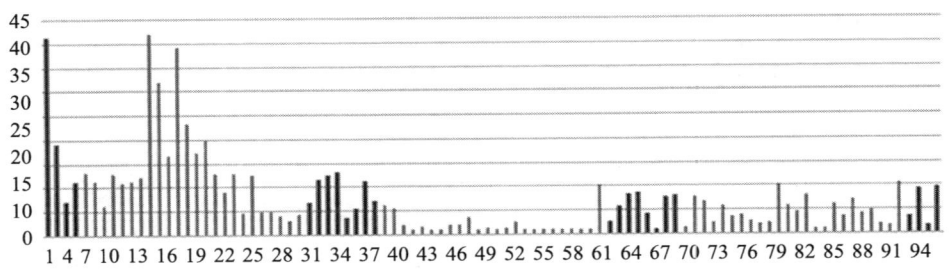

图 6-2　有效规模

"效率"指标指数主要测度某节点对于其他节点的作用程度，一般情况下，结构洞中的节点的效率指数会比其他节点的高（如图 6-3 所示），太原的指数是 0.774，太原理工大学的指数是 0.773，相对于其他相关的节点，指数较高，说明这两个节点对于整个协同创新网络的其他主体影响大。

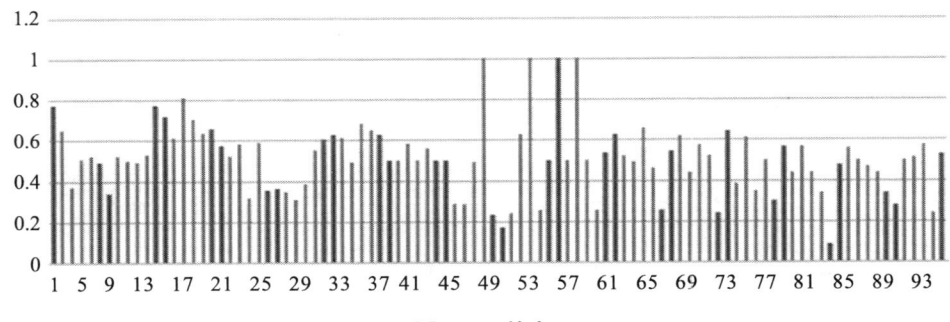

图 6-3　效率

第 6 章　基于人才聚集效应的区域协同创新网络实证分析——以山西省为例

网络约束系数是通过测算某节点对相关节点的依赖程度来评估该节点的重要程度。其数值越大，表明它对相关节点的依赖程度高，自身的能力弱，跨越结构洞的可能性也就越小（如图 6–4 所示）。在网络约束系数（constraint）指标数值中可以发现，山西省气象科学研究所、中国兵器工业集团第七研究所、中国辐射防护研究院等部分研究院所的数值最大，是 1.125；而太原理工大学和太原的指标较低，分别是 0.084 和 0.086。由于气象、兵器、辐射等都属于专业性很高的研究领域，需要的技术以及人才不是一般创新主体所能提供的，所以这些研究院所的能力有限也不足为奇。

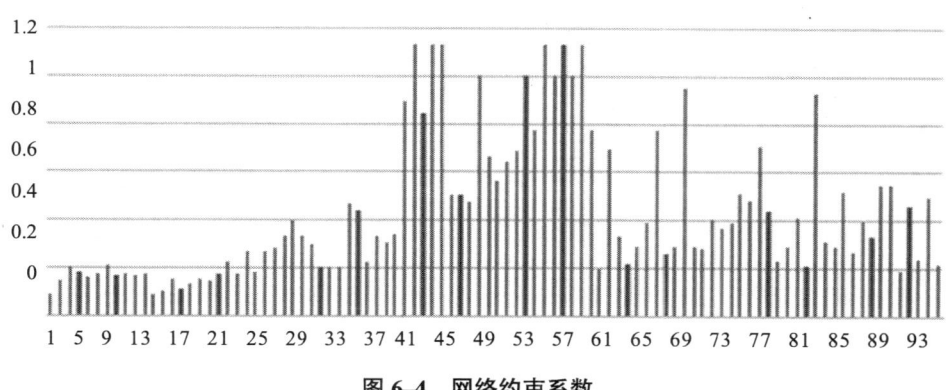

图 6–4　网络约束系数

等级度可以刻画结构洞节点的部分特征。通常来讲，等级度高的主体越位于网络结构的中心位置。在等级度（hierarechy）指标数值中，太原的指标处于较高的地位，这和前几个指标得出的结论是相符的（如图 6–5 所示）。

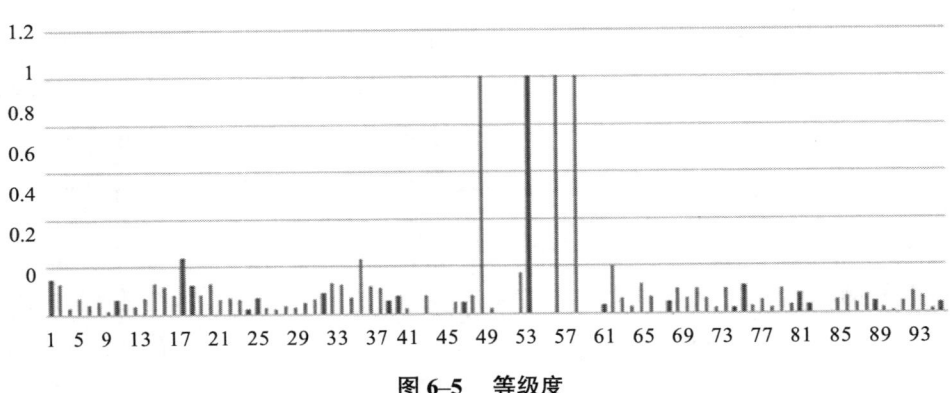

图 6-5　等级度

由分析图 6-2 至图 6-5 可以看出，太原理工大学的有效规模数值最高，是 41.729；其次是太原，为 41.038。可见，太原市作为山西省省会城市，同时拥有一批国家重点建设的高等院校，而太原理工大学作为山西唯一一所"211 工程"重点建设大学，政策倾向性与学术创新能力均在全省居于首要地位，是山西省协同创新网络构建的重要组成部分。太原和太原理工大学的效率指标较高，分别是 0.774 和 0.773，说明二者对该社群其他成员的影响较大。山西省气象科学研究所、中国兵器工业集团第七研究所、中国辐射防护研究院等部分研究院所的网络约束系数值最大，是 1.125；而太原理工大学和太原的指标较低，分别是 0.084 和 0.086。由于气象、兵器、辐射等都属于专业性很高的研究领域，其创新能力受所需要的技术以及人才特殊性影响而表现较低。山西省电子科学研究院、山西省食品工业研究所、山西省粮油科学研究所和山西省艺术科学研究所的等级度高，电子、食品和艺术研究与企业生产和人才活动密切联系，因而居于协同创新网络的核心地位。

6.3.3 区域协同创新网络凝聚子群分析

（1）派系分析

派系又叫小团体或凝聚子群，是指成员之间的关系是互惠的，成员之间的联系远大于成员和其他团体之间的联系，而且不能向其中加入其他任何成员。在一个社会网络关系中，可以存在很多派系。一个派系包含三个及以上成员，且相互之间两两存在直接的联系。当一个派系形成以后，其他的成员很难再介入。在社会网络分析中，派系分析就是研究一个社会网络中存在多少个这样的小团体。

利用 Ucinet 软件对四产业区域协同创新网络进行派系分析，派系最小成员设置为 8 人，派系分析的路径为 Network>Subgroups>Cliques。将此结果图像化，得到树状派系图，派系数为 16，结果如图 6–6 所示。

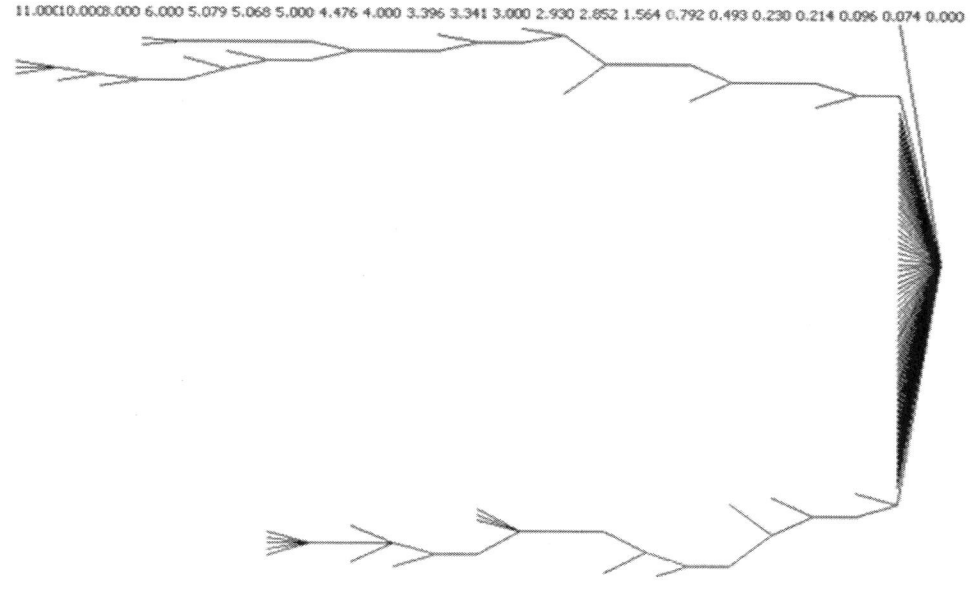

图 6–6　树状派系图

派系组成见表6–4。

表6–4 派系组成

1	TYUT	SXU	SXUFE	NUC	SXAU	TYUST	JZU	SXTCM			
2	TYUT	SXU	SXUFE	NUC	SXAU	TYUST	JZU	CZC			
3	TYUT	SXU	SXUFE	NUC	SXAU	TYUST	DTU	SXTCM			
4	TYUT	SXU	SXUFE	NUC	TYUST	JZU	SXTCM	TYNU			
5	TYUT	SXU	SXUFE	NUC	TYUST	DTU	SXTCM	TYNU			
6	TYUT	SXU	SXUFE	SXAU	TYUST	SXNU	SMU	JZU	SXTCM		
7	TYUT	SXU	SXUFE	SXAU	TYUST	SXNU	SMU	JZU	CZC		
8	TYUT	SXU	SXUFE	SXAU	TYUST	SXNU	SMU	DTU	SXTCM		
9	TYUT	SXU	SXUFE	SXAU	SXNU	SMU	JZU	YCU			
10	TYUT	SXU	SXUFE	TYUST	SXNU	SMU	DTU	SXTCM	TYNU		
11	TYUT	SXU	SXUFE	TYUST	SXNU	SMU	JZU	SXTCM	TYNU		
12	TY	DT	SZ	XZ	JZ	YQ	LL	CZ	LF	JC	YC	SXXHC
13	TY	DT	SZ	XZ	JZ	YQ	LL	CZ	LF	JC	YC	SXGH
14	TY	DT	SZ	XZ	JZ	YQ	LL	CZ	LF	JC	YC	SXZQ
15	TY	DT	SZ	XZ	YQ	CZ	JC	JXCZ			
16	TY	DT	XZ	YQ	CZ	YC	SXZQ	TYHG			

分析各个派系的成员信息,结果如下:

派系1~派系11:成员全部来自山西省高校。

派系12:成员来自山西省地级市和山西杏花村汾酒厂股份有限公司。

派系13:成员来自山西省地级市和山西广和山水文化传播股份有限公司。

派系14:成员来自山西省地级市和山西证券股份有限公司。

派系15:成员来自山西省地级市和晋西车轴股份有限公司。

派系 16：成员来自山西省地级市和山西证券股份有限公司、太原化工股份有限公司。

根据上述结果可以看出，高校之间以及政府之间更容易形成派系，企业、研究院所和其他创新主体之间相对不容易形成派系。究其原因，高校之间在人才方面更容易形成较大的默契，高校之间的紧密交流不仅可以为其发展提供经验，也可以为合作打下基础。政府之间在政策方面更容易形成较大的默契，它们之间的紧密联系可以从最大程度上推动区域协同创新网络的发展。而企业、研究院所由于自身领域的不同，在协同创新上受到较大的限制，难以形成联系紧密的派系。

（2）凝聚子群密度分析

在 Ucinet 软件中，凝聚子群密度分析的菜单路径为 Network>Cohesion>E—I index。通过分析，发现该网络的凝聚子群密度为 –0.324，说明各创新主体在协同创新网络中的派系林立的程度较小，处于凝聚子群内的成员之间联系较松散，但是仍然存在小团体现象。

根据以上分析可以得出，高校之间和政府之间更容易形成联系紧密的派系，因此应该在保持高校和政府内部协同创新程度的基础上，加强企业和研究院所与其他创新主体间的知识技术人才交流，增加它们和其他创新主体间的联系，从而进一步减小派系林立程度，提高区域协同创新网络的整体竞争力。

6.3.4　区域协同创新网络核心–边缘结构分析

在 Ucinet 软件中，通过 Network>Core/Periphery>Categorical 路径可以进行核心–边缘结构分析。分析结果如图 6–7 所示。

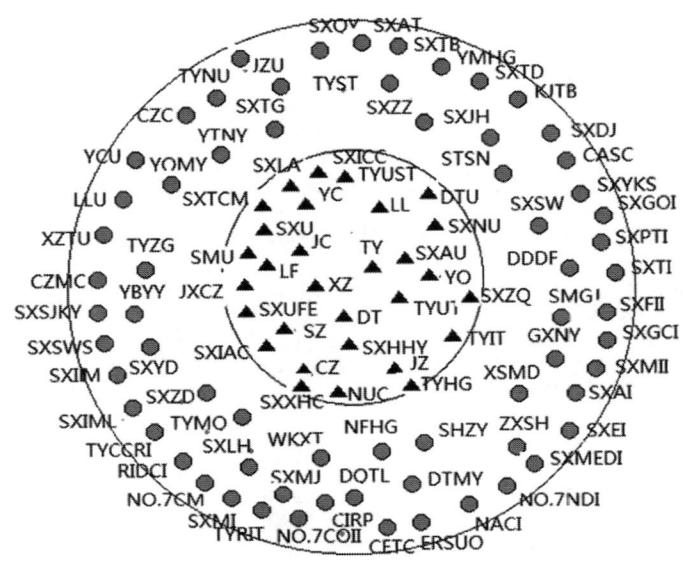

▲ 处于核心位置节点　● 处于边缘位置节点

图 6-7　核心-边缘结构分析结果

分析结果显示，在区域协同创新网络中，处于核心位置的是太原、大同、朔州、忻州、晋中、阳泉、吕梁、长治、临汾、晋城、运城、太原理工大学、山西大学、山西财经大学、中北大学、山西农业大学、太原科技大学、山西师范大学、山西医科大学、太原工业学院、山西大同大学、山西中医学院、中国科学院山西煤炭化学研究所、山西省化学工业研究所、山西省应用化学研究所、晋西车轴股份有限公司、山西潞安环保能源开发股份有限公司、山西杏花村汾酒厂股份有限公司、山西证券股份有限公司、太原化工股份有限公司，其余66个创新主体处于边缘位置。这说明，在96个创新主体中，政府、部分高校以及部分企业和研究院所的创新能力是处于前列的。政府作为推动区域协同创新网络发展的排头兵，积极和其他创新主体合作交流。在处于核心位置的高校中，太原高校居多，这是由于太原是山西的省会城市，占据较多的人才技术资源，因此太原的高校更容易成为区域协同创新网络的核心。政府等职能部门应当在继续鼓励这些处于前列的创新主体提高创新能力的同时，提高对边缘城市创新主体的关注度，从而提高这些创新主体的创新能力。

6.3.5 区域协同创新网络中心性分析

（1）点度中心度分析

在 Ucinet 软件中，使用 Network>Centrality>Degree 路径可以求出节点的点度中心度。表 6–5 是部分分析结果。

根据表 6–5 列出的部分分析结果，第一列（Degree）是绝对中心度，第二列（NrmDegree）是相对中心度。根据结果可以得出，绝对点度中心度最高的是太原理工大学，其绝对点度中心度是 52.5；其次是太原，为 51.5。这说明，在区域协同创新网络中，太原理工大学与其他创新主体的创新联系最多，太原理工大学处于区域协同创新网络的较为重要的位置，与实际情况吻合。部分创新主体节点中心度较低，说明这些创新主体和其他创新主体合作关系较少。

（2）中间中心度分析

在 Ucinet 软件中，使用 Network>Centrality>Betweenness>Nodes 路径可以分析测量节点的中间中心度。表 6–6 是部分分析结果。

表 6–5 点度中心度

		Degree	NrmDegree	Share
12	TYUT	52.5	55.263	0.044
1	TY	51.5	54.211	0.043
15	NUC	47	49.474	0.039
13	SXU	43	45.263	0.036
16	SXAU	32	33.684	0.027
18	SXNU	29	30.526	0.024
2	DT	28	29.474	0.023
17	TYUST	26	27.368	0.022
14	SXUFE	26	27.368	0.022
5	JZ	24	25.263	0.02
8	CZ	23	24.211	0.019
10	JC	22	23.158	0.018
6	YQ	22	23.158	0.018
11	YC	22	23.158	0.018
19	SMU	21	22.105	0.018
9	LF	21	22.105	0.018
4	XZ	21	22.105	0.018
21	DTU	21	22.105	0.018
92	SXZQ	20	21.053	0.017
⋮	⋮	⋮	⋮	⋮

第6章 基于人才聚集效应的区域协同创新网络实证分析——以山西省为例

表6-6 中间中心度

		Betweenness	nBetweenness
1	TY	1298.959	14.546
15	NUC	1282.594	14.363
12	TYUT	1185.092	13.271
16	SXAU	517.395	5.794
13	SXU	507.529	5.683
70	SXTG	368.229	4.124
17	TYUST	335.832	3.761
9	LF	257.384	2.882
18	SXNU	232.992	2.609
2	DT	204.573	2.291
14	SXUFE	192.053	2.151
41	TYRIT	179	2.004
23	SXTCM	150.947	1.69
5	JZ	143.488	1.607
8	CZ	137.931	1.545
10	JC	137.564	1.54
19	SMU	123.645	1.385
35	SXIM	100.448	1.125
21	DTU	96.94	1.086
⋮	⋮	⋮	⋮

从表6-6可知，太原处于山西省协同创新网络关系的核心位置，其次是中北大学、太原理工大学等。这些创新主体的中间中心性比较高，说明它们的中介性较高，具有较高的控制资源能力。太原处于山西省中部，同时作为山西省会城市，在政策技术、人才方面都处于前沿，具有相对优势。中北大学、太原

理工大学是山西省"老八所"本科院校，工科基础优势明显，与地方煤炭企业开展技术合作交流项目较多，具有吸纳地方资源的能力，中间中心性优势比较突出；其他创新主体的中间中心度较低，凝聚优势资源的能力有待加强。

（3）接近中心度分析

由于接近中心度分析要求整个网络必须完全相联，即每个节点必须和其他节点保持联系，否则可能使结果会失真，而本书四类创新主体区域协同创新网络不是一个完全联通的网络，因此不能直接计算其接近中心度。

接近中心度与点度中心度高度相关，因此通过分析点度中心度和中间中心度，可以得出，以太原市为代表的政府和以太原理工大学为代表的高校在区域协同创新网络中处于比较核心的地位，掌握比较多的资源。此外，一些创新主体，特别是专业性很强的科研院所，由于受技术和人才条件的严格限制，与其他创新主体的合作较少，所能掌握的优势资源也受到限制。因此这些创新主体可以通过和企业、高校建立人才交流基地以扩大技术沟通与人才共享，加强研究院所和其他创新主体间的合作关系，从而促进区域协同创新网络整体创新能力的提高。

6.4 分类视角下的协同创新网络构建及分析

从上述基于人才聚集效应的山西省区域协同创新网络可以看出，政府、高校、科研机构、企业四大创新主体在协同创新整体网络结构中的关系表现不均衡，因此有必要对其局部关系做进一步量化分析。而从创新主体在协同创新中发挥的作用来看，人们通常把无企业实体成果转化的创新称为研究型创新,而把高校及科研机构(从创新成果的形成和转化角度来看,高校和科研机构可以归为一类创新主体,即高校及科研机构)与企业之间包含研究与成果转化的创新称为应用型创新。因而,本书从政府、高校及科研机构和企业、高校及科研机构两方面构建协同创新网络,分析研究型与应用型协同创新网络结构状况。

6.4.1 研究型协同创新网络分析

(1)研究型区域协同创新关系矩阵

与整体网络相同,得到山西省研究型区域协同创新关系矩阵如下:

$$A = \begin{pmatrix} a_{11} & a_{12} & a_{13} & \cdots & a_{156} & a_{157} & a_{158} \\ a_{21} & a_{22} & a_{23} & \cdots & a_{256} & a_{257} & a_{258} \\ a_{31} & a_{32} & a_{33} & \cdots & a_{356} & a_{357} & a_{358} \\ \vdots & \vdots & \vdots & \vdots & \vdots & \vdots & \vdots \\ a_{561} & a_{562} & a_{563} & \cdots & a_{5656} & a_{5657} & a_{5658} \\ a_{571} & a_{572} & a_{573} & \cdots & a_{5756} & a_{5757} & a_{5758} \\ a_{581} & a_{582} & a_{583} & \cdots & a_{5856} & a_{5857} & a_{5858} \end{pmatrix}$$

$$= \begin{pmatrix} 1 & 1 & 1 & \cdots & 0 & 0 & 0 \\ 1 & 1 & 1 & \cdots & 0 & 0 & 0 \\ 1 & 1 & 1 & \cdots & 0 & 0 & 0 \\ \vdots & \vdots & \vdots & \vdots & \vdots & \vdots & \vdots \\ 0 & 0 & 0 & \cdots & 1 & 0 & 0 \\ 0 & 0 & 0 & \cdots & 0 & 1 & 0 \\ 0 & 0 & 0 & \cdots & 0 & 0 & 1 \end{pmatrix}$$

研究型协同创新网络关系如图 6-8 所示。

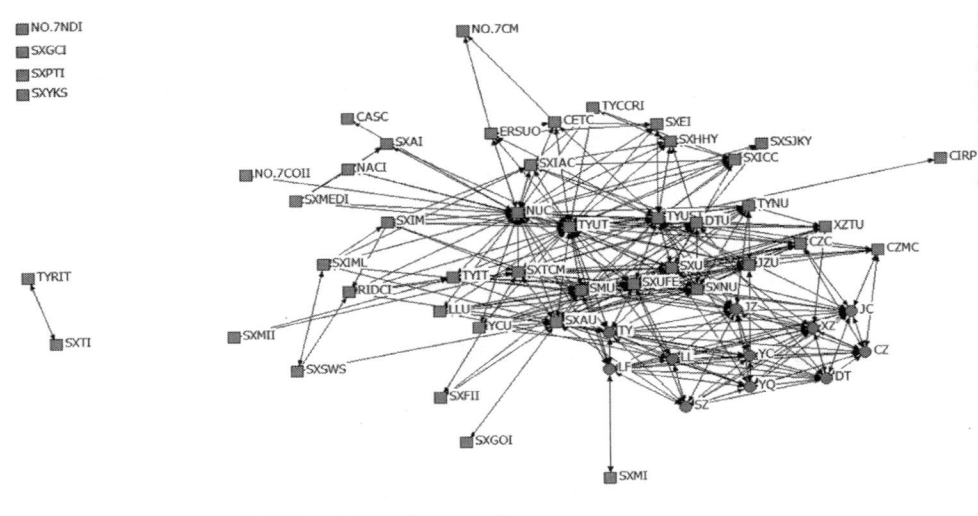

图 6-8　研究型协同创新网络关系

（2）网络特征值测试结果

网络特征值测试结果见表 6-7。

表 6-7　网络特征值测试结果

创新主体	网络密度（%）	网络中心势（%）	网络平均距离	基于距离的凝聚力指数（%）
政府、高校、科研机构	16.27	15.43	2.013	44.7

从表 6-7 中可以看出，网络密度为 16.27%，这说明有 16.27% 的基于人才聚集效应的区域协同创新联系在现实中存在，这个密度高于政府、企业、高校及科研机构的整体协同创新网络密度，说明这两类创新主体的人才间存在

一定程度的协同创新关系，协同创新已经取得了一些成效；网络的中心势是15.43%，意味着该网络在15.43%的程度上接近于一个绝对中心化的星形网络，人才聚集的中心化程度较低；网络的平均距离是2.013，基于该平均距离的凝聚力指数为44.7%，该网络的凝聚力指数低于整体网络凝聚力指数，两类创新主体大致呈现对立式分布。在创新实践中，政府对高校及科研机构的支持力度尚显不足，契合内容较少，加之不同创新主体间人才的利益目标不一致，导致研究型协同创新网络中人才的凝聚力明显不足。

6.4.2 应用型协同创新网络分析

（1）应用型协同创新关系矩阵

同上，得到山西省应用型协同创新关系矩阵如下：

$$A = \begin{pmatrix} a_{11} & a_{12} & a_{13} & \cdots & a_{183} & a_{184} & a_{185} \\ a_{21} & a_{22} & a_{23} & \cdots & a_{283} & a_{284} & a_{285} \\ a_{31} & a_{32} & a_{33} & \cdots & a_{383} & a_{384} & a_{385} \\ \vdots & \vdots & \vdots & \vdots & \vdots & \vdots & \vdots \\ a_{831} & a_{832} & a_{833} & \cdots & a_{8383} & a_{8384} & a_{8385} \\ a_{841} & a_{842} & a_{843} & \cdots & a_{8483} & a_{8484} & a_{8485} \\ a_{851} & a_{852} & a_{853} & \cdots & a_{8583} & a_{8584} & a_{8585} \end{pmatrix}$$

$$= \begin{pmatrix} 1 & 1 & 1 & \cdots & 1 & 1 & 1 \\ 1 & 1 & 1 & \cdots & 0 & 1 & 1 \\ 1 & 1 & 1 & \cdots & 0 & 0 & 0 \\ \vdots & \vdots & \vdots & \vdots & \vdots & \vdots & \vdots \\ 1 & 0 & 0 & \cdots & 1 & 0 & 0 \\ 1 & 1 & 0 & \cdots & 0 & 1 & 0 \\ 1 & 1 & 0 & \cdots & 1 & 1 & 1 \end{pmatrix}$$

应用型协同创新网络关系如图 6-9 所示。

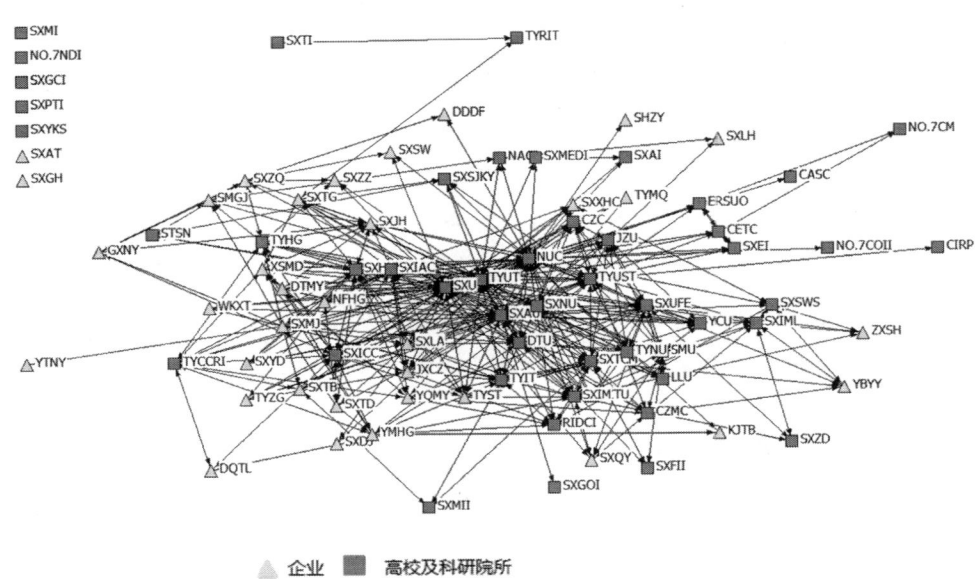

图 6-9　应用型协同创新网络关系图

（2）网络特征值测试结果

网络特征值测试结果见表 6-8。

表 6-8　网络特征值测试结果

创新主体	网络密度（%）	网络中心势（%）	网络平均距离	基于距离的凝聚力指数（%）
企业、高校、科研机构	12.43	18.68	1.838	55.7

从表 6-8 中可以看出，网络密度为 12.43%，说明有 12.43% 的基于人才聚集效应的协同创新联系在现实中存在。这个密度低于政府、企业、高校及科研机构的整体协同创新网络密度，说明这两类创新主体间的协同创新程度仍然较低，需要通过各方努力获得较大发展。网络中心势是 18.68%，表示该网络在 18.68% 的程度上接近于一个绝对中心化的星形网络，虽然该网络的中心势高于整体协同创新的网络中心势，但是应用型协同创新的整个网络关系仍然处于较弱的集中水平。网络的平均距离是 1.838，基于该平均距离的凝聚力指数为 55.7%，同样低于整体协同创新网络凝聚力指数。两类创新主体大致呈现包围式分布。在创新实践中，由于高校及科研机构与企业在协同创新过程中，人才间的合作深度不够、合作层次不高，信息未充分共享，知识溢出率低等原因，导致应用型协同创新网络的人才凝聚力不足。

6.4.3 研究型与应用型协同创新网络与整体网络特征值比较分析

通过对比发现，研究型协同创新网络密度和平均距离大于整体协同创新网络特征值，应用型协同创新网络结论相反，而二者的网络中心势均大于整体协同创新网络特征值，凝聚力均小于整体协同创新网络特征值（见表 6-9）。这表明，与整体网络相比较，研究型协同创新网络中政府与高校及科研机构关联度较高，而应用型协同创新网络中企业与高校及科研机构的集中水平较高。

表 6–9　协同创新网络特征值比较

网络类别	整体协同创新网络	研究型协同创新网络	应用型协同创新网络
网络密度	14.8	16.27	12.43
网络中心势	13.63	15.43	18.68
网络平均距离	1.872	2.013	1.838
基于距离的凝聚力指数（%）	56.5	44.7	55.7

6.5　小结及阶段性研究成果

本章通过定量分析，发现基于人才聚集效应的山西省区域协同创新网络的协同关系在现实中存在。

首先，从整体协同创新网络来看，整个网络关系处于较弱的集中水平，人才聚集的中心化程度较低。其次，太原市政府、太原理工大学是区域人才资源聚集的核心地，人才交流与互动频繁，因而拥有较多的结构洞，是其他主体联系的"黄金中介"，处于山西省协同创新网络的核心地位，其他创新主体间紧密度则有待加强。最后，应用型协同创新网络中，创新主体间人才交流与互动呈现的包围式分布表明，高校及科研机构科研成果转化率较低，人才间的合作深度不够、合作层次不高，信息未充分共享，知识溢出率低，发展前景不明朗。部分企业在不同利益追求下，单打独斗，尚未与其他创新主体形成紧密合作关系，区域创新效应和经济效应未实现最大化。

本章研究内容已撰写完成，相关内容发表于《科研管理》杂志，具体内容见附录 4《基于人才聚集效应的区域协同创新网络研究》。

第7章　基于社会网络分析法的高校协同创新网络研究

在科教兴国、人才强国、创新驱动发展战略的推动下，我国高校科技创新工作也进入了新时代，从"跟跑""并跑"到即将实现"领跑"的伟大飞跃。近年来，国家着力推进高校改革创新，继"2011计划"之后，2015年又颁布《统筹推进世界一流大学和一流学科建设总体方案》，旨在促进高校间合作向更高层次多领域迈进，推进一流大学和一流学科的建设。然而，在现阶段的地域局限和管理体制机制条件下，高校与高校之间、高校内部依然存在创新合力不足、原始创新难以突破、一些关键核心技术没有掌握等问题。本章在上述区域协同创新网络构建与分析的基础上，进一步对人才资源丰富、人才聚集特征明显的高校协同创新网络进行分析，寻找山西省区域协同创新和高校间的协同合作节点，探讨高校间协同创新网络存在的问题，以期为山西省高校的人才聚集与管理、协同合作与创新相关制度与政策制定提供参考。

协同创新是复杂的创新组织方式，是多元主体协同互动的网络创新模式，通过知识创造主体和技术创新主体间的深入合作和资源整合,产生系统叠加的非线性效用。协同创新网络是集群创新主体与群外环境之间相互联系、竞争和制约的组织关系,具有复杂性、动态性、系统性、开放性、中心性、协同性等特征。企业协同创新相关文献表明,企业在协同创新中不仅要加强与供应商、中介机构和同行业企业的联系,而且需要加强与政府、科研机构、金融机构及其他行业的协作关系。

7.1 基于社会网络分析法的高校协同创新网络构建

7.1.1 高校协同创新特征分析

(1) 学术性

高校是具有较为专门、系统学问的学术性组织。学术性是指具有理论性和科学性的实践经验总结,是知识和实践经验的理论抽象,即带有理论分析的或理论归纳的实践经验总结。高校是研究者集聚的场所,具有极强的学术性。研究者在探索客观事物过程中,必然要对客观事物及其运动的规律性进行观察、分析,从而产生认识事物的种种思考、观点、假说,即通常所说的学术思想、学术观点。而且,学术观点具有可交换性,人们只有进行学术上的沟通和交流,也包括质疑和争论才能够使交流者互相启迪,碰撞出新的思想火花,多位思想者在一起交流将极大地激发创造灵感,形成种种新的思想、观点,形成新的创意和理念,这正是高校间、高校与其他主体间学术交流重要价值的体现。

(2)综合性

传统的知识生产模式仅限于研究者对个人兴趣进行研究,虽然对开拓新领域有一定的探索作用,但是随着人类文明的进一步发展,个人需求的满足已经离不开群体的共同发展,协同的平台建设迫在眉睫。在当今知识社会,哲学、社会科学和自然科学之间各学科的交叉渗透,科学与技术、艺术的融合,理论与实践的结合等,必然形成众多的学术课题,综合归纳通常成为学术研究的基本方法。高校的学术研究范围可无限宽广,内容也无所不包。高校作为学术研究的重要场所,不同学校、不同学科、不同专业往往通过综合归纳,协同合作,可寻求、发现前人学术成就的结合点和学科间的共同点,实现学术或学科的创新发展,这就是高校协同创的综合性。综合性可以有效地促进学科的交叉渗透,促进大批交叉学科、边缘学科的诞生。

(3)预见性

学术涉及的问题往往是比较超前、比较复杂的。高校协同创新的本质内涵概括来说就是:以知识效用最大化为核心,以科学理论为指导,通过系统思考、综合分析,往往可预测事物发展的规律,让知识在各大创新主体之间转移、理解、吸收、应用和再集成创新的过程,是对知识生产方式的一种创新。如化学家门捷列夫分析前人的研究成果,发现元素的化学性质随原子量增大的顺序而呈现出周期性的变化,揭示了元素周期律,并据此准确地预言了一些当前尚未发现的元素及其性质,这些预言为后来的科学实验所证实。这是学术预见性的典型事例。高校学术探索与研究的预见性可以为经济社会发展重大课题的前瞻性研究提供方向。

(4)批判性

批判性也称否定性。高校的协作也不是一味地赞同和支持,而是要求同存异,对于相同的内容可以开展深度的研究,形成科研成果,对于不同的部分则要进行必要地保留,同时利用辩证唯物主义的思维对这些问题进行分析,通过动态性、有效性、全面性的资源合作,实现"1+1+1>3"的效果。客观事物的复杂多变性难免会造成人们认知上的错误和假象,学者们的学术研究就是要打破这种假象,达到去伪存真、认识事物本质的目的。学术发展的主流形成了科学,同时也可能产生反科学和伪科学,可通过学术活动,对反科学、伪科学予以否定和批判。形成了高校学术研究的否定性和批判性。

可见,从"大学—产业—政府"三螺旋理论来看,高校协同创新是是在知识有效交流、观点互动否定(批判)的过程中不断证实和预言已知和未知世界,促使社会不断螺旋提升的创新发展过程。高校间学术研究成果及在资源多维度之间的协同应用对区域经济的发展和创新具有深远的影响。可见,高校协同创新的本质内涵,都是知识的一种新型生产方式,是在"使用—运用—实用"过程中围绕着国家、企业、高校的一种知识流转。高校协同创新对各个主体都有积极的意义,对构建创新型国家具有不可或缺的作用。

7.1.2 高校协同创新网络的连接机理分析

高校在协同创新中侧重于提供人才、技术、知识、信息等非物质要素,强调学科的交叉融合,需要科技、经济、政治等不同领域的互动,注重与外部的密切交流,因此高校协同创新网络具有目标整体性、非线性互动、扁平化、可持续性特征。高校协同创新网络形成离不开政府、企业、科研机构的支持和协作,在政府的政策支持下,高校联合科研机构,发挥各自的人才优势、管理优势、学科优势、技术优势,在交流合作、优势互补中实现强强联合或以强带弱,进而通过整合人才、技术、信息、知识等资源,产生人才价值、技术价值、信息价值和经济价值。最终在企业的实践应用中,将科技成果融入生产经营,转化为生产力,促进区域经济发展,实现协同创新的社会效益。各高校间相互融合、相互作用的内在机理如图7-1所示。

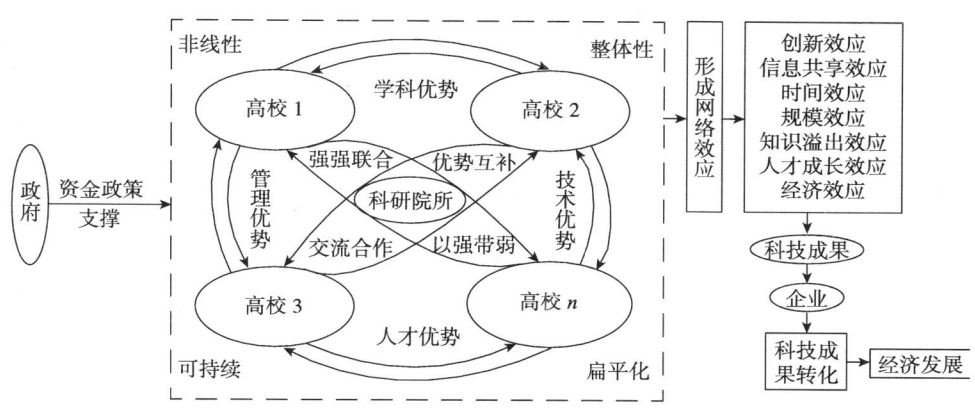

图7-1 高校协同创新网络内在作用机理

构建协同创新网络有助于促进各主体间加强合作、协同创新,整体网络协同度和创新能力的提高不仅有助于盘活各高校内部资源,而且有助于发挥资金政策的乘数效应,从而提高资源利用率,加快科技成果的研发和转化。本章研究将高校作为网络行动者节点,在通过政府、科研机构连接形成的资源平台上,通过人才技术合作、资源信息共享等行为互动,以强带弱、强强联合、优势互补,实现各节点的协同创新效应最大化,使得高校协同创新能力得到提升,促成高校内外人才、技术、信息等价值的实现,并进一步促进区域经济发展。因此,高校间共同协作,相互作用,互相影响,积极构建协同创新网络,有利于共同形成有效互动、良性发展的协同创新有机演进程,

7.2 山西高校协同创新网络的构建和结构测度

7.2.1 山西高校协同创新网络的构建

本节的研究以山西省74所普通高校为研究对象，含本科院校24所、高职高专学院50所，其中"211工程"学校1所，有研究生培养单位的院校10所。不同高校特色学科优势与差异明显，具备优良的学科生态基础。因此，研究中选取74所高校作为山西省高等学校协同创新网络研究的行动者要素，见表7–1。

表7–1 山西省高等学校协同创新网络行动者构成及编号

类别	行动者编号
本科院校	1.太原理工大学；2.山西大学；3.山西财经大学；4.中北大学；5.山西农业大学；6.太原科技大学；7.山西师范大学；8.山西医科大学；9.太原工业学院；10.山西大同大学；11.晋中学院；12.山西中医学院；13.太原师范学院；14.长治学院；15.运城学院；16.吕梁学院；17.忻州师范学院；18.长治医学院；19.太原学院；20.山西传媒学院；21.山西工程技术学院；22.山西能源学院；23.山西警察学院；24.山西应用科技学院
专科院校	25.朔州师范高等专科学校；26.运城幼儿师范高等专科学校；27.山西省财政税务专科学校；28.山西建筑职业技术学院；29.山西能源学院；30.山西轻工职业技术学院；31.运城职业技术学院；32.山西工商职业学院；33.潞安职业技术学院；34.山西交通职业技术学院；35.山西煤炭职业技术学院；36.北岳职业技术学院；37.阳泉职业技术学院；38.山西工程职业技术学院；39.山西艺术职业学院；40.临汾职业技术学院；41.山西电力职业技术学院；42.忻州职业技术学院；

续表

类别	行动者编号
专科院校	43. 山西信息职业技术学院；44. 长治职业技术学院；45. 山西管理职业学院；46 山西旅游职业学院；47 晋城职业技术学院；48 山西警官职业学院；49 山西机电职业技术学院；50 太原城市职业技术学院；51 山西药科职业学院；52 山西经贸职业学院；53 山西水利职业技术学院；54 山西金融职业学院；55 山西职业技术学院；56 太原旅游职业学院；57 山西国际商务职业学院；58 山西老区职业技术学院；59. 山西同文外语职业学院；60. 山西体育职业学院；61. 山西戏剧职业学院；62. 山西财贸职业技术学院；63. 山西林业职业技术学院；64. 山西华澳商贸职业学院；65. 晋中职业技术学院；66. 山西运城农业职业技术学院；67. 朔州职业技术学院；68. 晋中师范高等专科学校；69. 阳泉师范高等专科学校；70. 山西青年职业学院；71. 大同煤炭职业技术学院；72. 运城护理职业学院；73. 运城师范高等专科学校；74. 吕梁职业技术学院

对上述有高校协同创新的数据、资料进行收集和统计分析，建立关系矩阵，其中行和列分别表示 74 所高校。如果网络主体间存在人才交流、项目合作、技术借鉴、学科嵌入、知识共享、信息互通关系，则在关系矩阵的相应位置记为"1"，若不存在上述关系则在关系矩阵相应位置记为"0"，得到山西省区域协同创新关系矩阵。利用 Ucinet 软件对已建矩阵进行处理，采用 Netdraw 工具绘制出山西省高校协同创新网络结构，如图 7-2 所示。

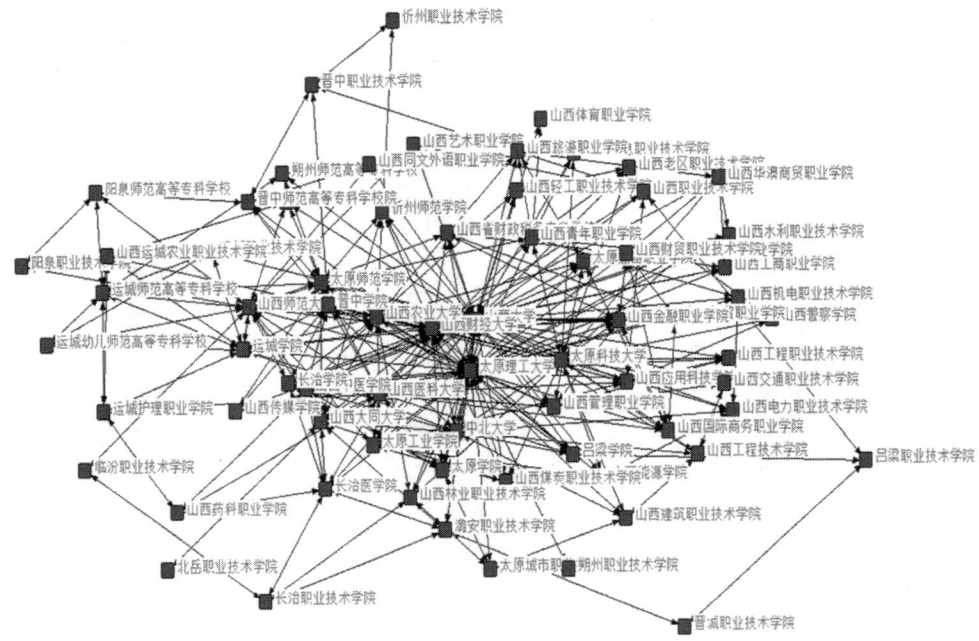

图 7–2 山西省高等学校协同创新网络结构

7.2.2 网络整体结构分析

在网络结构图中，选取网络密度、网络中心势、网络平均距离和基于距离的凝聚力指数四个指标对山西高等学校协同创新网络结构进行分析，结果见表 7–2。

表 7–2 整体网络分析结果

网络密度（%）	网络中心势（%）	网络平均距离	基于距离的凝聚力指数（%）
11.74	34.08	2.164	51.3

网络密度测度主要用于衡量整体网络内部各成员联系的紧密程度，反映行动者的沟通及协同能力，网络密度越大，意味着现实存在的关系占比越高，各主体之间联系越紧密，行动者之间的协同能力越强，则该网络对其内部行动者的态度、行为等产生的影响就越大。表7-2中，山西省各高校协同创新网络的密度为11.74%，意味着山西省协同创新网络中各主体在11.74%的程度上存在真实的协同关系，网络密度较低，说明主体实际存在的联系较少。而在目前创新实践中各高校管理工作相对封闭独立，使得各创新三体之间缺乏交流互动的意识和动力，导致形成的协同创新网络密度低。

网络中心势是整体网络的中心性特征，指整体网络中各个节点在多大程度上表现出向某个点集中的趋势，也即某一节点在网络中所具有的核心性。网络中心势指数越大，说明网络各主体的集中性越强；反之则说明整体网络联系分散。表7-2中山西省高校协同创新网络中心势为34.08%，即该网络仅在34.08%的程度上接近于一个绝对中心化的星形网络，整体网络联系较分散，这表明同一个项目的参与主体有限。由于74所高校分散于山西省11个地级市，且目前协同合作机制不完善，跨区域协同在时间、空间上存在局限性，高校间的合作多在同一区域范围内，因此中心化程度低。

网络平均距离指的是网络中各行动者至少可通过多少条边关联在一起，表示网络主体间的联系程度。基于该距离的凝聚力指数为其相对数测度指标，数值为0~1，该指数越大，表示整体网络越具有凝聚力。表7-2中网络平均距离为2.164，基于该平均距离的凝聚力指数为51.3%，表明各主体在51.3%的程度上直接联系，有一定的凝聚力，但依然存在较大发展空间。

7.2.3　网络行动者关系分析

行动者间的关系可以通过网络结构洞分析，社群中成员越是居于网络的核心，它的结构洞就越多，网络限制就越小，就越能够获得信息利益和控制利益，比其他成员更具竞争优势，其判断标准有有效规模、效率、网络约束系数及等级度。关于网络有效规模、网络效率、网络约束系数及等级度的分析如图 7-3 至图 7-6 所示。

网络有效规模可以测算节点的整体影响力，在一定程度上定量地衡量结构洞节点的重要性。在有效规模（Effective size）指标中，山西大学的数值最大，是 42.294；其次是太原理工大学，是 33.651，说明山西大学和太原理工大学在山西省高校群中影响力较大（如图 7-3 所示）。这两所高校在师资力量、重点学科、基础设施上有其固有的优势，其学术创新能力在全省范围居于重要地位，是山西区域协同创新网络构建的重要组成部分。

网络效率是用来描述某一节点对网络中其他相关节点的影响程度，处于结构洞中的节点的效率一般比较大。在效率（Efficiency）指标数值中可以发现，山西大学和太原理工大学的指标较高，分别是和 0.829 和 0.783（如图 7-4 所示）。说明这两者对该社群其他成员的影响相对较大，这两所高校创新要素高度集中，拥有重点领域的权威专家，承担重要科研项目，研究成果较多，因此对协同创新网络中的个体影响也较大。

第 7 章　基于社会网络分析法的高校协同创新网络研究

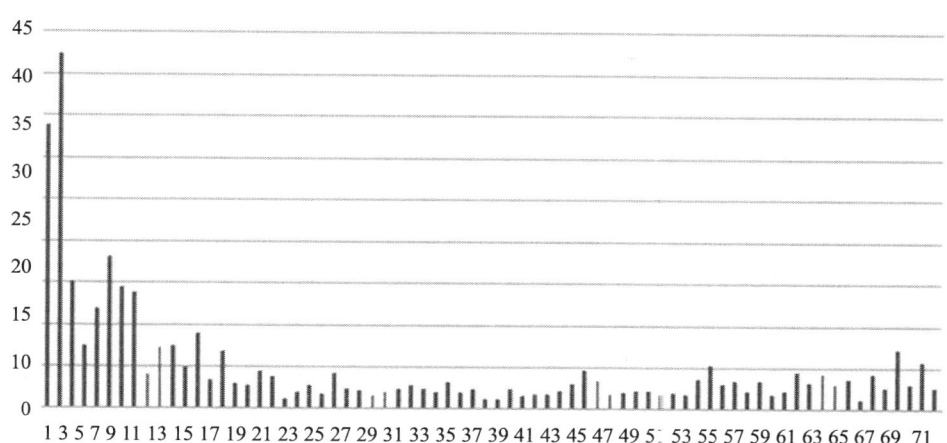

图 7-3　网络有效规模

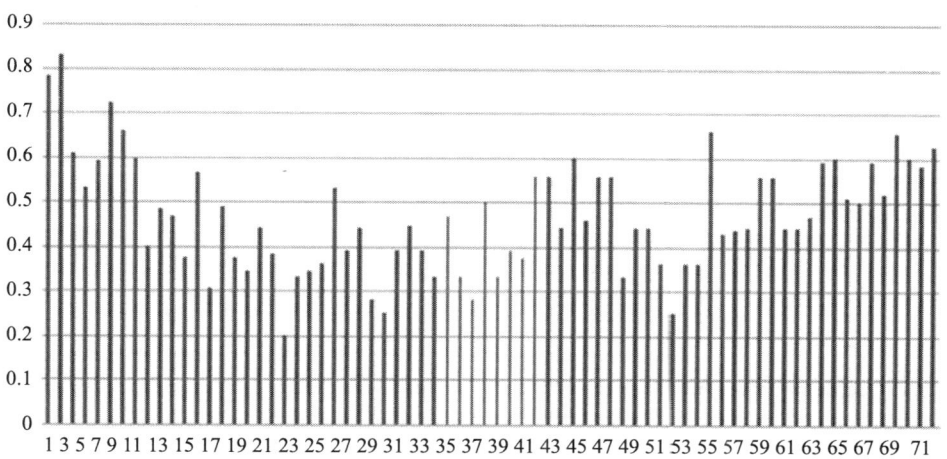

图 7-4　网络效率

网络约束系数以节点对其他节点的依赖程度作为评价标准,数值越大,约束性越强;跨越结构洞的可能性就越小。从网络约束系数(constraint)指标数值中可以发现,高校网络约束系数值整体偏大,其中,朔州职业技术学院为1.125,数值最大,表明此类高校跨越结构洞的可能性较小,对外部环境的依赖度较大,独立研究和自主创新发展方面的问题比较突出(如图7-5所示)。而山西大学、太原理工大学指标较低,分别是0.097和0.99,这些高等学校对外部的依赖性小,自身创新创造能力强,跨越结构洞的可能性较大。职业院校本身资源匮乏,创新能力弱,在创新发展中需借助大量的外部资源来完成,因此跨越结构洞的难度较大。

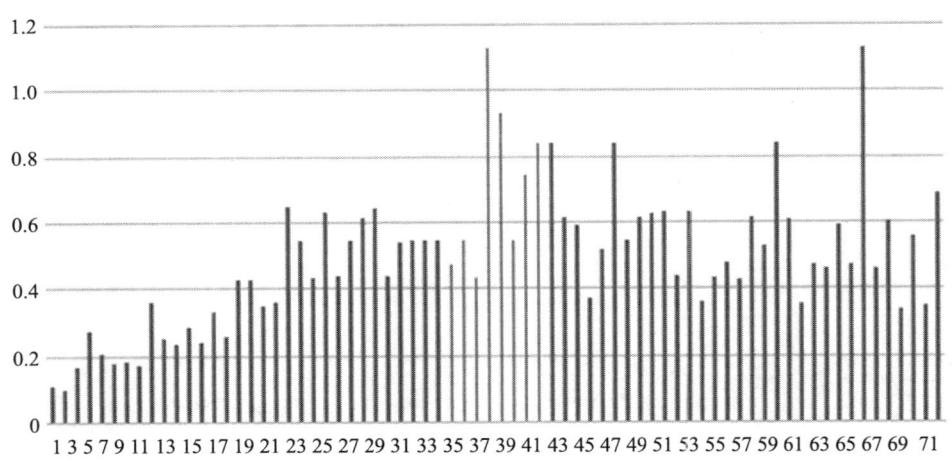

图7-5 网络约束系数

等级度可以刻画结构洞节点的部分特征,表示限制性围绕着一个行动者展开的程度,等级度越高,说明该点越居于网络的核心。在等级度(Hierarechy)

指标数值中，山西大学、太原理工大学的指标较高，说明这两所高校是山西省科技创新的主要载体和阵地，在高校协同创新网络群中处于核心地位（如图 7-6 所示）。

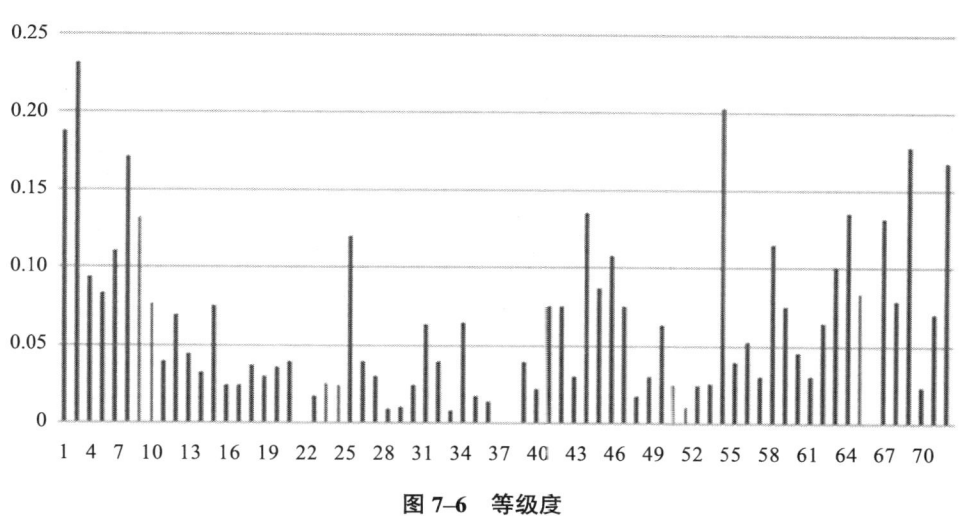

图 7-6　等级度

7.3　小结及阶段性研究成果

本章通过定量分析，发现基于人才聚集效应的山西省各高校间的协同关系在现实中存在。

通过上述对山西省高校整体网络密度分析可得出以下结论，山西省各高校间存在协同关系，整体协同度较低；各主体联系的中心化程度低，集中水平弱；山西大学和太原理工大学等少数高校与外部合作程度高，在整个协同网络中处于相对核心地位，影响力较大；高等职业院校网络约束系数大，对外部依赖性较强，跨越结构洞能力弱。

  本章的研究思路及研究成果形成了山西省软科学重点研究项目"山西省高等学校协同创新网络连接机制研究（2016042007-1）"结题报告的核心内容。

第 8 章　结论与展望

8.1　研究结论与对策建议

8.1.1　研究结论

本书的研究，主要可以得出以下结论。

第一，人才聚集效应特征评价的重要性排序由高到低依次是创新效应、信息共享效应、时间效应、规模效应、知识溢出效应、人才成长效应和经济效应。人才聚集最直接的目标是达到人才的合理分配与整合，正因如此，创新效应和时间效应是人才聚集效应最先且最直观的体现，在此基础上产生知识溢出效应和经济效应，并通过创新效应形成的创新成果作用于区域经济发展，产生人才成长效应、信息共享效应和区域规模效应。

第二，在人才聚集效应的影响下，多个网络行动者节点在通过中介机构、金融机构连接形成的资源平台上，通过信息共享、成果转化等行为互动，实现各节点的协同创新效应最大化，推动区域协同创新能力提升。反过来，区域创新能力的提升会通过影响区域经济发展，进一步吸引更高层次人才会聚，从而形成新的、更高水平的人才聚集效应。因此，人才聚集与协同创新网络间相互作用、互相影响，共同形成有效互动、良性循环的有机演进过程。

第三，从整体协同创新网络来看，整个网络关系处于较弱的集中水平，人才聚集的中心化程度较低。山西省各地级市政府较为重视与各创新主体间人才的交流与合作，致力于促进地域创新能力的提高，是协同创新网络中的关键性主体。与政府的重视程度相比，科研机构之间的创新协同弱化了整个网络创新主体间协同创新的联系。

第四，太原市政府、太原理工大学是区域人才资源聚集的核心地位，人才交流与互动频繁，因而拥有较多的结构洞，是其他主体联系的"黄金中介"，处于山西省协同创新网络的核心地位；其他创新主体间紧密度则有待加强。

第五，高校之间以及政府之间更容易形成派系，企业、研究院所和其他创新主体之间相对不容易形成派系。究其原因，高校之间在人才方面更容易形成较大的默契，高校间的紧密交流不仅可以为其发展提供经验，也可以为合作打下基础。政府之间在政策方面更容易形成较大的默契，它们之间的紧密联系可以从最大程度上推动区域协同创新网络的发展。而企业、研究院所由于自身领域的不同，在协同创新上受到较大的限制，难以形成联系紧密的派系。因此应该在保持高校和政府内部协同创新程度的基础上，加强企业和研究院所与其他创新主体间的知识、技术、人才交流，增加它们和其他创新主体间的联系，从而进一步减小派系林立程度，提高区域协同创新网络的整体竞争力。

第六，研究型协同创新网络中，创新主体间的人才交流与互动呈现的对立式分布表明：政府对高校及科研机构协同创新的支持力度尚显不足、契合内容较少，人才成长效应和规模效应未充分体现。政府等职能部门应当在继续鼓励这些处于前列的创新主体提高创新能力的同时，提高对边缘城市创新主体的关注度，从而提高这些创新主体的创新能力。

第七，应用型协同创新网络中，创新主体间人才交流与互动的包围式分布表明：高校及科研机构科研成果转化率较低，人才间的合作深度不够、合作层次不高，信息未充分共享，知识溢出率低，发展前景不明朗；部分企业在不同利益追求下，单打独斗，尚未与其他创新主体形成紧密合作关系，区域创新效应和经济效应未实现最大化。

8.1.2　对策建议

基于以上分析，在结合山西省及其他中西部地区人才资源和协同创新发展现状基础上，相关部门可以制定相应的政策措施以促进人才聚集效应在区域协同创新网络中的作用得以有效发挥，具体体现在以下三个方面。

（1）政府应明确责任，充分发挥其在协同创新网络建设中的主导作用

① 引导区域人才有效聚集，营造协同创新健康有序的社会氛围。

健康有序的社会氛围是协同创新不可缺少的驱动力[166]。从区域协同创新整体网络分析中可以看出，山西省各创新主体间联系不紧密，协同度不高，社会网络协同创新氛围并不浓厚，存在规避风险、遵循守旧的思想，缺乏创新活力。因此，由政府主导推动协同创新氛围建设，引导不同领域、不同层次的人才有效会聚，有效推动各创新主体和人才个体对于协同创新战略的认识，形成浓厚的协同创新文化氛围，推动各创新主体间人才等各项资源充分交流与共享，开

展跨行业、跨部门、跨学科的有机融合与友好合作，从而达到区域经济的飞速提升，是当前这个新的知识时代对于每级政府的客观要求[167]。

②建立合理的人才共享平台，促进人才聚集效应产生。

区域协同创新网络中，政府是关键性创新主体，具有主导作用[168]。基于人才聚集的区域协同创新网络分析显示，山西省各地级市政府较为重视与每一个创新主体间的基于人才的来往，目的在于提升地域的创新水平。可是在研究型网络中，政府与科研机构两类主体间的网络对立式分布，势必影响各级政府相关政策的落实与执行，难以实现其在区域经济发展中的引领作用。因此，政府应制定柔性人才管理政策，通过建立以政府为主导，金融机构为中介，企业、高校和科研机构共同参与的人才互动交流平台，为协同创新网络中各节点信息共享、成果转化等行为互动创造有利条件，促进人才合理流动，形成人才聚集的规模效应、人才成长效应，充分发挥其在协同创新网络关系中的主导作用，实现协同创新效应最大化，推动区域协同创新能力提升。

③加强人才梯队建设，保障区域协同创新的人才资源储备。

知识经济时代的竞争，说到底还是人才的竞争，人才是这个新的互联网时代地域进步发展的核心竞争力。区域协同创新网络的形成，不是一个时段就能达到的，而是需要持续地构建[169]。一定区域内，一定时间段，人才的流动与聚集可能是盲目和无序的，即使是为特定目标而聚集的人才，在目标任务结束后，也会成为无序的人才队伍。无序的人才队伍，会使人才聚集中的摩擦与冲突增大，可能造成人才梯队断层，后继人才缺乏等问题，难以有效发挥人才聚集的信息共享效应、知识溢出效应、经济效应和规模效应等。因此，政府主导下协同创新梯队的建设，有意识地培养与引导创新型人才形成有序梯队，消减人才聚集的负效应，促进人才聚集效应产生，保障区域科技创新实力的持续进步，对区域经济发展有着至关重要的影响。

④ 加大协同创新资金扶持，推动地方经济发展，增强区域人才引力。

人才流动的引致性动因决定人才会从经济条件差的区域流向经济条件好的区域，而区域经济条件在人才聚集和区域协同创新中主要表现为人才与创新经费的投入，并且，区域创新体系的搭建、创新网络的产生、创新成果的开发和推行也需要不少的资本来支持。因此，协同创新的政府可以通过有效的财政科技创新资金支持，政府主导下的协同创新资金扶持，增加科研经费的投入，培养和引进高层次科研人才，降低社会失业率，形成"人才培育与引入—科技经费支持—科技成果产出—科技经费继续支持—更高水平的人才培育与引入"的有序健康循环，实现科技和经济的可持续发展，营造出政府与其他创新主体多方共赢的新局面。

（2）高校和科研机构发挥人才优势，实现其在协同创新过程中的网络连接作用

① 推进人才管理制度改革，促进高校和科研机构人才资源的有序流动。

要形成以及转变高校与科研机构的知识与创新成果，一定程度上需要政府的政策和资金支持，也需要高校和科研机构自身建立积极有效的人才培养与激励制度。本研究的前提是尽管人才聚集效应的区域协同创新网络的整体密集程度不算高，创新主体间的联系不够紧密，但高校之间的网络密度高于整体网络密度，且高校之间更容易形成派系，它们之间的紧密联系可以从最大程度上推动区域协同创新网络的发展。而科研机构由于自身领域的不同，在协同创新上受到限制，难以形成联系紧密的派系。因此，高校与科研机构应积极加快自己本身的体制建设与改革，提升内部管理程度，合理分配智力以及设备资源，鼓

励科研人员走入市场，在高校之间，高校与科研机构之间自由且有序流动；允许科研人员参与创业，发挥自身优势，自主协同，不断创新，提升人才聚集的信息共享效应、知识溢出效应，促进区域经济快速发展。

② 开展多种形式和内容的合作创新，优化配置高校和科研机构知识资源。

高校和科研机构构成了协同创新的核心部分，是培育原始性创新和创新型精英的中坚力量，是科技创新、自主创新的主力军，在区域协同创新网络中充当着关键节点的作用。从区域协同创新网络结构洞与核心—边缘结构分析来看，高校与科研机构拥有较多的结构洞，人才交流与互动频繁，是其他主体联系的"黄金中介"，处于区域协同创新网络的核心地位。因此，在巩固高校学科整体实力，加快促进交错学科、跨学科结合和创新的前提下，积极开展多种形式和内容的协同创新，推动高校和科研机构与政府、企业等创新主体间的相互开放和深度交流，优化配置高校与科研机构的知识资源，目的在于处理科学研究中具有前瞻性和全面性的主要理论与实际相关的重要议题，填充先进学科领域的空白，为促进人才聚集效应产生、区域协同创新网络结构优化、区域协同创新能力提升提供更好的理论指导。

③ 鼓励双边、多边协同，促进职能文化与技术创新文化的有效融合。

人才培育、科学研究、社会服务作为高校和科研机构的主要功能，其核心在于培养高层次的专业性人才，充分激起人才的创造潜能并形成协同创新能力。创新必须通过实践将人才的内在素质外化而形成经济效益。本研究结论应用型协同创新网络中高校和科研机构与企业间的网络包围式分布，反映了人才间的凝聚力不足。因此，高校和科研机构应通过其所拥有的精英人才的知识生产、传播，以及同社会互动，对社会文化产生影响。在实践中，鼓励人才在高校和科研机构与企业开展双边协作，或者高校和科研机构与政府、企业、金融中介机构等多边合作，疏通人才培育枢纽，把教学、科研与生产实践有机结合，帮助人才在实际中连续积聚能力并最终转化为人才本身具有的能力与知识，从而充实人才的内涵，提升人才的创造水平，完成高校和科研机构人才职能文化与企业技术文化的有效融合，产生人才聚集创新效应、时间效应、知识溢出效应和经济效应；并进一步作用于区域协同创新网络，提升区域创新能力，促进区域经济发展。同时，区域经济的发展反过来又会吸引更大规模、更高层次的人才会聚与融合，形成更高质量的区域协同创新网络，产生更有效的协同创新成果。

（3）企业应积极引进或共享知识和技术兼备的复合型人才，增强其在协同创新网络中的知识与技术的承接作用

① 营造良好的创新环境，提升企业自身自主创新与科技成果转化能力。

良好的创新环境是区域内协同创新主体间协同与合作的必要条件。企业是协同创新成果的最终实践者，具有丰富的拥有技术经验的专门人才资源。但知识与科技成果的转化不仅需要人才的实践经验，更需要对科技成果准确理解和应用的专门性、稀缺性的理论科学知识。本研究结论中，无论是协同创新全局网络，还是应用型协同创新网络中，企业的协同创新网络密度均不高，且难以形成聚集效应。因此，从企业自身角度考虑，应创造先进的科研环境、良好的企业文化气息和宽松的制度环境，充分领会各种人才学习活动的创新性、共享性和独特性，尊重人才、尊重知识、尊重创造，营造创新文化氛围以及协同创新网络所缺失的信任环境，促使企业运作规范化和制度化，不断提升自身自主创新能力。同时，也可以通过企业与高校和科研机构等其他创新主体的集体学习，增强科技成果转化能力，实现区域经济、社会、文化的进步。

② 增强协同创新网络开放性，改善区域协同创新资源分布不均衡状况。

企业主体存在于特定时空范围，必然受到地域或时间条件的影响。由于我国行政管辖的限制和地方保护主义的存在，最终导致企业只侧重内部资源的运用，同外部环境的沟通较少，导致区域内创新的数量和水平不太高，企业产品的科技水平低。山西省区域协同创新网络中太原市、太原理工大学、山西大学等位于省会城市，是区域人才资源聚集的核心地，也是区域创新要素资源汇聚的中心，其创新成果的应用与实现的经济效益远高于其他地区。因此，企业要树立开放性协同创新网络观念，冲破地域的约束，主动踊跃地与区域内外的创新主体进行交涉、互相讨论有无，最终促使创新资源在各地区实现更良好的配置。在引入区域外的先进科技和精英的同时，地区内的科技成果也必须向周边发展，在市场上形成向心力和竞争优势，提高企业影响力，开拓发展空间，实现共赢互利，为区域创新资源的有序配置做出贡献，完成区域内共同创新与经济均衡发展。

③ 积极培养和引进复合型人才，增强企业承接科技成果转化与应用能力。

企业是各创新主体科研成果的最终实现者，高校和科研机构的科研成果只有转化为创新产品，取得创新效益和经济效益，才能达到创新目的。应用型协同创新网络密度和网络集中度较低，核心—边缘结构分析中处于核心位置的企业不多，表明企业与其他创新主体间的人才交流与互动不足，难以充分体现人才聚集的时间效应和经济效应。因此，企业应在提高人才资源协同创新意识的基础上，大力引进复合型人才，加强企业科技人员的知识素质培养，提升人才聚集的知识溢出效应、时间效应，最终实现其经济效应，增强企业承接高校和科研机构创新成果的能力，尽最大可能与政府、高校和科研机构组建全方位、立体式的协同创新网络，形成人才、资源、技术在协同创新过程中良性循环的"无形市场",弱化科技成果转化的时滞性,最大限度实现创新成果的经济效应。

8.2 研究不足与展望

8.2.1 研究不足

由于笔者水平与研究的局限性,文中还有很多存在缺陷及可以进一步研究与深化的部分,以后可以进一步研究与探讨。

第一,基于全新的角度,探讨了人才聚集效应对区域协同创新网络的作用机理。人才聚集效应在实践中确实存在,人们能够感受得到,但要准确界定并进行量化研究,还缺乏强有力的理论支撑;并且,人才聚集效应受人才聚集规模的影响,并不一定是规模越大,效应越高,而是存在一定的阈值,这个阈值的量化研究是当前人才聚集效应研究的"瓶颈"问题。因此,当前对人才聚集效应的概念界定不全面,有局限,与以后的发展走向不符,以后必须进一步加以修正和丰富。

第二,书中根据前人的研究成果精华构建的人才聚集效应指标体系,所用数据大部分是国家统计局、国家部委和省部委网站对外公布的权威数据资料。但是运用的指标不精确,不仅如此,一些指标本身还具有滞后性,这可能导致最终的整体评价不精确,有一定误差。在以后进一步的研究中,可以改进评价体系,并结合实际的研究工作,可以通过在网上发布调查问卷并回收的方式收集一定数据,可能会得到更具针对性、更有参考性的研究成果。

第三，在模型分析的基础上，笔者以山西省为例，构建基于人才聚集效应的区域协同创新网络，实证研究了人才聚集效应和区域协同创新网络的关系和作用原理，并收获了一定的成果。在以后的进一步探讨中，如果能够搭建多维分析模型，并能丰富变量对模型进行深化研究，同时，将研究对象扩展到其他区域，将会为探索人才聚集效应规律及区域协同创新网络建设提供更全面、崭新的思路。

8.2.2 研究展望

对于人才聚集效应的研究，我国起步比国外晚，但也取得了一定成果，其中最具有代表性性的是牛冲槐教授的研究。人才聚集效应与区域协同创新网络关系的研究成为一个新的研究课题，许多相关问题亟待解决和进行深入的研究。

第一，本书把人才要素引入区域协同创新网络的研究中，从人才聚集效应的视角分析区域协同创新网络，是本书的创新点之一。但人才聚集效应有正负之分，人才聚集的过程中，可能产生正效应，也可能因人才间或者人才所依托的组织内外摩擦和冲突而产生负效应。本书着重于人才聚集的正效应，对于人才聚集的负效应需要在后续研究中以人才聚集冲突的消减或基于人才聚集效应的区域协同创新网络优化等为题做更进一步的探讨。

第二，区域协同创新网络涉及的学科和范围较广，国内研究企业间的协同创新与产业集群协同创新较多，成果也比较丰富，但是也还没能形成一个较为完整的理论体系。从人才聚集的协同创新方式，以及基于知识管理的层面剖析协同创新的影响因素、度量协同创新绩效，这一方面的研究在国内却几乎没有任何成果。

第三，区域协同创新网络的内在动力是人才，人才的聚集最终会转化为人才聚集效应，因此，对于人才聚集效应与协同创新之间的研究具有很大的理论与现实意义，但是目前国内对于这方面的研究还比较少，因此需要更前沿的理论和方法进一步论证。

参考文献

[1] 罗默，1986. 收益递增与长期增长 [J]. 政治经济学杂志，（8）：94-96.

[2] Krugman P，1991. Increasing Returns and Economic Geography [J]. Journal of Political Economy（99）：483-499.

[3] Hu D Y，Stephan J，1996. Economic Growth and Human Capital Accumulation：Simultaneity and Expanded Convergence Tests [J]. Economics Letter，51（3）：355-362.

[4] [美]卢卡斯，1989. 论经济发展的机制 [J]. 货币经济杂志（4）：156-162.

[5] 埃弗雷特·M.罗杰斯，朱迪思·K.拉森，1985. 硅谷热 [M]. 北京：经济科学出版社：88-118.

[6] 牛冲槐，江海洋，2008. 硅谷与中关村人才聚集效应及环境比较研究 [J]. 管理学报，5（3）：396-400.

[7] 赵娓，2010. 人力资本集聚：农业科技园区可持续发展的路径选择 [J]. 科技进步与对策，27（6）：40-43.

[8] 熊莎，2008. 关于人力资本流动与聚集的认识与评述 [J]. 经济研究导刊（15）：123-124.

[9] 张同全，2008. 基于产权的人力资本价值计量模型研究 [J]. 中国软科学（10）：106-109.

[10] 刘思峰，王锐兰，2008. 科技人才集聚的机制效应与对策 [J]. 南京航空航天大学学报（社会科学版），10（1）：47-51.

[11] 陈学中，孙丽丽，李同宁，2006. 高层次人才集聚模式与发展战略 [J]. 科学与管理，26

（4）: 14-16.

[12] 牛冲槐，李乾坤，张永红，2008. 科技型人才聚集环境及聚集效应分析（六）——组织环境对科技型人才聚集效应的影响分析 [J]. 太原理工大学学报：社会科学版，26(4)：1-5.

[13] 牛冲槐，樊燕萍，张敏，2006. 人才聚集效应系统研究 [J]. 系统科学学报，14（2）：100-103.

[14] 牛冲槐，张蔷薇，2007. 区域科技型人才聚集效应支持能力评价 [J]. 统计与决策（23）：78-80.

[15] Jackson D J R, Carr S T, 2005. Exploring the Dynamics of New Zealand's Talent Flow [J]. New Zealand Journal of Psychology, 34（7）: 110-118.

[16] Taylor L R, 1977. Aggregation, migration and population mechanics [J]. Nature, 265（2）: 415-421.

[17] Palivos T, Wang P, 1996. Spatial agglomeration and endogenous growth [J]. Regional Science and Urban Economics, 26（6）: 643-646.

[18] Romer P, 2007. Endogenous Technological Change [J]. Journal of Political Economy（98）: 71-102.

[19] Syed Akhka R, Daniel Z, Glorial D, 2008. A retrospective and prospective analysis of HRM research in Chinese firm: Implications and directions for future study [J]. Human Resource Management, 47（1）: 133-156.

[20] Krugman P, 1995. Development Geography and Economic Theory [M]. MIT Press.

[21] Krugman P, 1991. Geography and Trade [M]. Cambridge. Mass: MIT Press: 166-178.

[22] Krugman P, 1991. Target zones and exchange rate dynamics [J]. Quarterly Journal of Economics, 106（3）: 669-82.

[23] Embehin J, Saloner G, 2000. Competition and Human Capital Accumulation: A Theory of Interregional Specialization and Trade [J]. Regional Science and Urban Economics, 30(4): 373-404.

[24] Sabourin V, Pinsonneault I, 1997. Strategic Formation of Competitive High Technology Clusters [J]. International Journal of Technology Management（6）: 52-64.

[25] 郭丽芳,杨彦超,牛冲槐,2011.山西省科技投入对科技型人才聚集效应的影响研究[J].科技进步与对策,28(5):49-53.

[26] 程桢,2006.人才聚集环境效应与中西部地区人才聚集环境的优化[J].管理现代化(3):46-48.

[27] 牛冲槐,江海洋,王聪,2007.科技型人才聚集环境及聚集效应分析(一)——制度环境对科技型人才聚集效应的影响分析[J].太原理工大学学报(社会科学版),25(3):16-20.

[28] Price J L, 2001. Reflections on the Determinants of Voluntary Turn Over [J]. Journal of Manpower(22):600-62.

[29] Taylor L R, 1977. Aggregation, Migration and Population Mechanics [J]. Nature(2):66-75.

[30] Deery M A, 1997. An Exploratory Analysis of Turnover Culture in The Hotel Industry in Australia [J]. International Journal of Hospitality Management(4):375-392.

[31] Wayne S J, Shore L M, Liden R C, 1990. Perceived Organizational Support and Leader Member Exchange: A Social Exchange Perspective [J]. Journal of Applied Psychology(75):51-59.

[32] Wayne D B, Baker M, 1997. The Role of The Family in Immigrants' Labor Market Activity: An Evaluation of Alternative Explanations [J]. American Economic Review, 40(2):82-111.

[33] Porter L, Steers R, 1974. Organizational Commitment, Job Satisfaction, and Turnover Among Psychiatric Technicians [J]. Journal of Applied Psychology(76):603-609.

[34] 唐朝永,2016.人才集聚系统演化机理及治理对策研究[J].山西高等学校社会科学学报(10):36-40.

[35] Taylor L R, Taylor R A, 2008. Aggregation, Migration and Population Mechanics [J]. Nature(2):56-59.

[36] Procter J H, Lassiter W E, Soyars W B, 1976. Prediction of Yong U. S. NAVAL. officer Retention [J]. Personnel Psychology, 29(4):567-581.

[37] Scott A J, 1988. Flexible Production Systems and Regional Development: The Rise of New Industrial Spaces North America and Western Europe [J]. International Journal of urban and regional research, 2（12）: 171-186.

[38] 王萍, 章守明, 2006. 区域人才集聚策略研究 [J]. 经济问题（11）: 14-15.

[39] 王奋, 韩伯棠, 2006. 科技人力资源区域集聚效应的实证研究 [J]. 中国软科学（3）: 91-99.

[40] 张波, 2016. 上海浦东新区高层次人才发展及对策 [J]. 科学发展（4）: 91-98.

[41] Mowday R T, 1982. Employee Organization Linkages: The Psychology of Commitment, Absenteeism, and Turnover [M]. NewYork: Academic press: 107-133.

[42] Mossholder K W, Settoon R P, Henagan S C, 2005. A Relational Perspective on Turnover: Examining Structural, Attitudinal, and Behavioral Predictors [J]. Academy of Management, 48（4）: 607-618.

[43] Shapiro J M, 2006. Smart Cities: Quality of Life, Productivity, and the Growth Effects of Human Capital [J]. Review of Economics and Statistics, 88（2）: 324-335.

[44] 杨曙, 史再达, 2008. 浅议区域经济发展与人力资源开发 [J]. 港澳台大陆人才论坛暨.

[45] 陈晓瑜, 牛冲槐, 2016. 生态学视角下基于熵权可拓模型的山西省人才聚集预警研究 [J]. 科技管理研究, 36（6）: 93-97.

[46] 邱成富, 2010. 南山区创建国际级创新区的人力资源战略研究 [D]. 大连理工大学.

[47] 芮雪琴, 牛冲槐, 陈新国, 等, 2011. 创新网络中科技人才聚集效应的测度及产生机理 [J]. 科技进步与对策, 28（18）: 146-151.

[48] 秦晓芳, 2010. 科技型人才聚集效应的创新效应分析 [J]. 经济师（4）: 230-231.

[49] 王军燕, 2005. 青岛市产学研发展模式及战略研究 [D]. 中国海洋大学.

[50] 王东, 孙健, 2008. 基于SPPD分析范式的人才聚集机制研究 [J]. 中央财经大学学报(12): 89-96.

[51] 张体勤, 刘军, 杨明海, 2005. 知识型组织的人才集聚效应与集聚战略 [J]. 理论学刊（6）: 70-72.

[52] 李光红, 陈学中, 孙丽丽, 2006. 高层次人才集聚与管理机制创新 [J]. 理论学刊（3）: 37-39.

[53] 张同全，2008. 人才集聚效应评价指标体系研究 [J]. 现代管理科学（8）：83-84.

[54] 张樨樨，2010. 国外人才集聚模式的类型分析 [J]. 改革与战略，26（7）：175-177.

[55] David J H, Zarnoth P, 1997. The Committee Charge, Framing Interpersonal Agreement, and Consensus Models of Group Quantitative Judgment [J]. Organizational Behavior and Human Decision Processes（72）：137-157.

[56] Jacobs J, 2016. The death and life of great American cities [M]. New York: Random.

[57] 爱德华·格莱泽·L，2010. 人力资本外溢有助于就业 [N]. 21世纪经济报道，2010-04-02（2）.

[58] 爱德华·劳勒，2011. 构建以人力资本为核心的竞争优势 [J]. IT时代周刊（15）：66-67.

[59] Guthrie J P, Hollesbe E C, 2004. Group Incentives and Performance: A Study Spontaneous Goal Setting, Goal Choice and Commitment [J]. Journal of Management（30）：263-284.

[60] 李景山，等，2007. 硅谷人才聚集效应的探析 [J]. 学习与探索（4）：175-177.

[61] 牛冲槐，张敏，等，2006. 人才聚集中自我冲突的消减与人才聚集效应研究 [J]. 科学学与科学技术管理，27（8）：148-154.

[62] 孙健，孙启文，孙嘉琦，2007. 中国不同地区人才集聚模式研究 [J]. 人口与经济（3）：15-20.

[63] 孙健，徐辉，张文静，2007. 国有、民营、外资企业人才集聚模式比较研究 [J]. 软科学，21（3）：138-141.

[64] 乔根森，1966. 经济发展的理论与设计 [M]. 巴尔：霍普金斯大学出版社.

[65] 朱良华，张堂云，2009. 西部地区"三位一体"人才集聚模式的构建 [J]. 商场现代化，10（573）：285-286.

[66] 王乐杰，崔沪，2009. 制造业人才集聚模式与对策 [J]. 山东商业职业技术学院学报，9（3）：16-18.

[67] 牛冲槐等，2006. 人才聚集效应研究 [J]. 高等学校社会科学报，18（2）：16-19.

[68] 秦晓芳，2014. 基于心理契约的高新企业知识型员工流动管理研究 [J]. 人力资源管理（12）：162-163.

[69] Romer, 1990. Endogenous Technological Change [J]. Journal of Political Economy, 98（5）:

71-102.

[70] 芮雪琴，李亚男，牛冲槐，2015. 科技人才聚集与区域经济发展的适配性 [J]. 中国科技论坛（8）：106-105.

[71] Ansoff H，1987. Corporate strategy [M]. New York：McGraw Hill Book Company.

[72] Haken H，1987. Advanced synergetic：an introduction [M]. Berlin：Spinner.

[73] 陈劲，阳银娟，2012. 协同创新的理论基础与内涵 [J]. 科学学研究，30（2）：161-164.

[74] 杨林，柳洲，2015. 国内协同创新述评 [J]. 科学学与科学技术管理，30（4）：50-54.

[75] Dosi G，2012. On the Nature of Technologies：Knowledge，Procedures，Artifacts and Production Inputs，Cambridge [J]. Journal of Economics，34（1）：173-184.

[76] Bala V，2001. A Spatial-Temporal Model of Human Capital Accumulation [J]. Journal of Economic Theory，96（2）：153-179.

[77] Porter P A，1985. Group Work，Interlanguage Talk，and Second Language Acquisition [J]. Tesol Quarterly，19（2）：207-288.

[78] Kanter R M，1989. The New Managerial Work [J]. Harvard Business Review，67（6）：85-92.

[79] 林迎星，2002. 中国区域创新系统研究综述 [J]. 科技管理研究，22（5）：1-4.

[80] 牛冲槐，江海洋，2008. 硅谷与中关村人才聚集效应及环境比较研究 [J]. 管理学报，5（3）：396-400.

[81] 牛冲槐，张敏，段治平等，2006. 科技型人才聚集效应与组织冲突消减的研究 [J]. 管理学报（3）：302-307.

[82] 牛冲槐，张帆，封海燕，2012. 科技型人才聚集、高新技术产业聚集与区域技术创新 [J]. 科技进步与对策，29（15）：46-48.

[83] 牛冲槐，江海洋，2007. 基于和谐管理的国有企业人才聚集效应与技术创新研究 [J]. 科技情报开发与经济，17（17）：231-232.

[84] 牛冲槐，牛夏然，牛彤，等，2014. 人才聚集对区域创新网络影响的实证研究 [J]. 科技进步与对策，31（5）：158-152.

[85] 王子龙，弹清美，2003. 区域创新体系（RIS）的网络结构 [J]. 科技进步与对策，（1）：

25-27.

[86] Hakansson L, Snegota, 1989. No Business is in an Island The Network Concept of Business Strategy [J]. Scandinavian Journal of Management, 5（3）: 187-200.

[87] Hadjimanolis A, 1999. Barriers to Innovation for SMEs in a Small Less Developed Country [J]. Technovation, 19（9）: 561-570.

[88] Cooke P, 1997. Regional Innovation Systems: Institutional and Organizational Dimensions [J]. Research Policy, 26（4）: 475-491.

[89] Asheim B T, Isaksen A, 2002. Regional Innovation Systems: The Integration of Local "Sticky" and Global "Ubiquitous" Knowledge [J]. The Journal of Technology Transfer, 27（1）: 77-86.

[90] Pekkarinen S, Harmaakorpi V, 2006. Building Regional Innovation Networks: The Definition of an Age Business Core Process in a Regional Innovation System [J]. Regional Studies, 40（4）: 401-413.

[91] Etzkowitz H, Leydesdorff L, 1995. The Triple Helix of University-Industry-Government Relations: A Laboratory for Knowledge Based Economic Development [J]. EASST Review, 14（1）: 14-19.

[92] 亨利·埃茨科维兹, 1999. 全球知识经济 [M]. 夏道源, 译. 南昌: 江西教育出版社.

[93] Cooke P, 2001. Regional Innovation System Clusters and the Knowledge Economy [J]. Industrial and Corporate Change, 10（4）: 945-974.

[94] 张秀萍, 卢小君, 黄晓颖, 2015. 基于三螺旋理论的区域协同创新机制研究 [J]. 管理现代化, 35（3）: 28-30.

[95] 景俊海, 2001. 风险投资与科技工业园发展 [J]. 科学投资（2）: 25-26.

[96] 张忠德, 2004. 高新区发展理论探析 [J]. 西安邮电大学学报（4）: 75-80.

[97] Ying Liu, 2012. Analysis of the Dynamic Mechanism of Synergic Innovation Between Productive Service Industry and Manufacturing Industry [J]. Business Computing and Global information（82）: 291-294.

[98] Fiaz M, 2013. An Empirical Study of University Industry R&D Collaboration in China:

Implications for Technology in Society [J]. Technology in Society, 35（3）: 191-202.

[99] 范群林, 邵云飞, 尹守军, 2014. 企业内外部协同创新网络形成机制 [J]. 科学学研究, 32（10）: 1570-1579.

[100] 陈元志, 2012. 宝钢的协同创新研究 [J]. 科学学研究, 30（2）: 194-200.

[101] Xie G Y, Liu X H, Ren L Q, 2006. Cluster Innovation Mechanism and Its External Effects on China's small and medium sized enterprises [J]. Technology Management for the Global Future（2）: 917-922.

[102] Tang J Q, Ren J F, 2012. Study on incentive mechanism knowledge based innovation of cluster alliance enterprise [J]. Computing Technology and Information Management（2）: 858-862.

[103] 王帮俊, 2014. 高水平行业大学产学研协同创新网络特征与连接机制研究 [J]. 济南大学学报（社会科学版）, 24（1）: 23-29.

[104] Shi M H, 2012. Research on Strategic Emerging Industry Innovation Cluster Operation Mechanism and Countermeasures [J]. Business Computing and Global Information（108）: 392-394.

[105] Rogers E M, 1995. Diffusion of Innovation. 4th ed [M]. New York: the Free Press.

[106] Delre S A, Jager W, Bijmol T J A, Janssen M A, 2007. Targeting and Timing Promotional Activities: An Agent-based Model for the Takeoff of New Products [J]. Journal of Business Research, 60（8）: 826-835.

[107] Sherwood A L, Covin J G, 2008. Knowledge Acquisition in University-industry alliances: An empirical Investigation From a Learning Theory perspective [J]. Journal of Product Innovation Management, 25（2）: 162-179.

[108] Hamida L B, Gugler P, 2009. Are There Demonstration-related Spillovers from FDI? Evidence from Switzerland [J]. International Business Review, 8（5）: 494-508.

[109] 高丽娜, 蒋伏心, 熊季霞, 2014. 区域协同创新的形成机理及空间特性 [J]. 工业技术经济（3）: 25-32.

[110] 张俊霞, 2015. 经济新常态下政产学研协同创新问题研究 [J]. 科技进步与对策, 32

（14）：27-30.

[111] 张协奎，林冠群，陈伟清，2015. 促进区域协同创新的模式与策略思考——以广西北部湾经济区为例 [J]. 管理世界（10）：174-175.

[112] 李文奇，2012. 区域创新平台三维协同模式研究 [D]. 哈尔滨理工大学.

[113] Marcia Villasana，2011. Fostering University-industry Interactions Under a Triple Helix Model：The Case of Nuevo Leon，Mexico [J]. Science and Public Policy，38（1）：43-53.

[114] 宋铁波，王红军，孔令才，2010. 匹配视角下集群企业外部网络演化路径探析 [J]. 科技进步与对策，27（12）：82-85.

[115] 吉敏，胡汉辉，陈金丹，2011. 内生型产业集群升级的网络演化形态研究 [J]. 科学学研究，29（6）：861-867.

[116] 李小建，李二玲，2009. 欠发达农区传统制造业集群的网络演化分析 [J]. 地理研究（3）：738-750.

[117] Porter M E，1990. The Competitive Advantage of Nations [M]. New York：The Free Press.

[118] Albina V，2006. Innovation in Industrial Districts：An Agent Based Simulation Model [J]. International Journal of Production Economics，104（1）：30-45.

[119] 田钢，张永安，兰卫国，等，2010. 集群创新网络演化的复杂适应性研究 [J]. 研究与发展管理，22（2）：96-106.

[120] Giannini M，2003. Accumulation and Distribution of Human Capital：The Interaction Between Individual and Aggregate Variables [J]. Economic Modeling，20（6）：1053-1081.

[121] 查成伟，陈万明，唐朝永，等，2015. 高技术产业科技人才聚集效应与技术创新协同研究 [J]. 科技进步与对策，32（1）：147-152.

[122] 马建龙，刘兵，张培，2010. 新兴工业区人才聚集模式研究——以曹妃甸工业区为例 [J]. 科技进步与对策，27（3）：142-144.

[123] 刘兵，李嫄，许刚，2010. 开发区人才聚集与区域经济发展协同机制研究 [J]. 中国软科学（12）：89-96.

[124] 潘康宇，赵颖，李丽君，2012. 人才聚集与区域经济发展相关性研究——以天津滨海新区为例 [J]. 技术经济与管理研究（10）：104-107.

[125] 朱先奇，李鹏，史彦虎，2010. 区域科技型核心人才收敛效应函数的模型界定与分析 [J]. 科技进步与对策，27（9）：30-34.

[126] Ravenstein E G，1885. The Laws of Migration. London [J]. Royal Statistical Society，48（6）：167-227.

[127] Beckwith B，Hawley J F，Krolik J H，2007. The Influence of Magnetic Field Geometry on the Evolution of Black Hole Accretion Flows：Similar Disks，Drastically Different Jets [J]. The Astrophysical Journal，678（2）：1180-1222.

[128] Lee E S，1966. A Theory of Migration [J]. Journal Article，3（1）：47-57.

[129] 舒尔茨，1990. 论人力资本投资 [M]. 北京：北京经济学院出版社.

[130] 郭蕾蕾，2010 中国省际人口迁移圈及其影响因素分析 [D]. 上海：复旦大学.

[131] 刘易斯，1989. 二元经济论 [M]. 北京：北京经济学院出版社.

[132] 伟生，1988. 人类生态学初探 [M]. 兰州：甘肃人民出版社.

[133] 蒂伯特，1956. 地方支出的纯粹理论 [J]. 政治经济期刊（6）.

[134] 威廉·配第，1978. 赋税论 [M]. 北京：商务印书馆.

[135] Smith A，1776. An Inquiry Into the Nature and Causes of the Wealth of Nations [M]. Chicago：University of Chicago Press.

[136] 约翰·穆勒，2009. 政治经济学原理 [M]. 北京：华夏出版社.

[137] 阿尔弗雷德·马歇尔，2013. 经济学原理 [M]. 朱志泰，陈良璧，译. 北京：中国计量出版社.

[138] 欧文·费雪，1999. 利息理论 [M]. 上海：上海人民出版社.

[139] Shapiro C，Stiglitz J，1984. Equilibrium Unemployment as a Discipline Device [J]. American Economic Review，74（3）：433-444.

[140] Mincer J A，1974. Schooling，Experience，and Earnings [M]. Columbia：Columbia University Press.

[141] Becker G S，1975. Human Capital [M]. Chicago：University of Chicago Press.

[142] Ghazali N A，1998. The Asia Pacific Regional Economic Crisis：A Diagnosis [J]. Humanomics（9）：186-205.

[143] Simon C J，1998. Human Capital and Metropolitan Employment Growth [J]. Journal of Urban Economics（43）：223- 243.

[144] 张建一，2000. 全力推进高新产业聚集发挥开发区的极化与扩散效应 [J]. 咨询与决策（6）：23-23.

[145] 何凡，罗洎，陈一君，2014. 高新技术开发区与区域创新系统互动发展研究 [J]. 四川理工学院学报（社会科学版）（6）：40-45.

[146] 杨丽，2012. 山西省科技人才需求预测及管理研究 [D]. 太原：太原理工大学．

[147] 布朗，刘达成，陈宝文，1985. 论社会科学的功能概念 [J]. 民族译丛（5）：34-38.

[148] 林南，2005. 社会资本：关于社会结构与行动的理论 [M]. 张磊，译．上海：上海人民出版社．

[149] Alan B，Adele B，Elish K，Seamus M. Ireland's Recession and the Immigrant/Native Earnings Gap [J]. Institute for the Study of Labor，NO.8459.

[150] Rotemberg E J，Saloner G，2000. Competition and Human Capital Accumulation：A Theory of Interregional Specialization and Trade [J]. Regional Science and Urban Economics，30（4）：373-404.

[151] 马彦图，曹方，2010. 高新技术产业开发区创新网络构建问题研究 [J]. 图书与情报，154（2）：78-81.

[152] 宋美丽，孙健，2010. 国外人才集聚模式的经验及对我国的启示 [J]. 经济纵横（2）：119-122.

[153] 刘丹，闫长乐，2013. 协同创新网络结构与机理研究 [J]. 管理世界（12）：1-4.

[154] 刘瑞，吴静，等，2016. 中国产学研协同创新政策的主题及其演进 [J]. 技术经济，35（8）：45-52.

[155] 邓草心，2013. 高校在学习型区域创新中的作用研究 [D]. 武汉：武汉大学．

[156] 赵丽丽，张玉喜，2015. 制度环境视角下社会资本对区域创新能力的门槛效应检验 [J]. 科技进步与对策，32（7）：44-48.

[157] 廉军伟，2016. 嵌入高新区创新网络的企业研究院创新溢出研究——以新昌高新技术产业园为例 [J]. 科技进步与对策，33（17）：8-13.

[158] 王勇, 2011. 科技人才集聚效应的实证研究——基于江苏的数据 [J]. 科技管理研究, 31（5）: 153-157.

[159] 许萧迪, 王子龙, 谭清美, 2007. 知识溢出效应测度的实证研究 [J]. 科研管理, 28（5）: 76-86.

[160] 王萍, 2009. 浙江省技术创新人才集聚力评价指标体系研究 [J]. 宏观经济研究（6）: 45-49.

[161] 张同全, 王乐杰, 2009. 我国制造业基地人才集聚效应评价——基于三大制造业基地的比较分析 [J]. 中国软科学（11）: 64-71.

[162] 凌美秀, 彭一中, 李雯, 2013. 信息资源共享网络中的共享效应分析 [J]. 图书馆（4）: 38-41.

[163] 向春华, 2007. 信息共享的制约因素及对策 [J]. 湖北档案（1）: 48-50.

[164] 赵秀花, 2012. 京晋人才聚集效应与协同创新关系的实证研究 [D]. 太原: 太原理工大学.

[165] 戚勇, 王静, 2015. 基于社会网络分析的产学研协同创新网络研究 [J]. 中国科技论坛（11）: 11-17.

[166] 张忠迪, 2014. 协同创新中心建设中政府的角色定位 [J]. 中国高校科技（8）: 30-32.

[167] 王君华, 2012. 政府在协同创新中的作用研究 [J]. 科技创新（8）: 7-9.

[168] 刘瑞, 吴静, 等, 2016. 中国产学研协同创新政策的主题及其演进 [J]. 技术经济, 35（8）: 45-52.

[169] 彭怀生, 2010. 区域创新网络结构特征及对企业创新的影响 [J]. 福建论坛（社科教育版）（2）: 6-9.

附 录

附录 1

社会资本对人才聚集的影响分析 ❶

王 聪 牛冲槐 杨彦超

(太原理工大学 经济管理学院 山西 太原 030024)

摘要：人才聚集是空间聚集的一种重要形式，它的形成与发展需要得到社会资本的支撑，一个完备的社会关系网络是人才聚集效应产生的基础。在分析人才聚集的区域性、网络性、动态性、群落性、共享性特征的基础上，结合人才聚集，界定了社会资本的内涵。从社会资本的认知维度、关系维度、结构维度分析社会资本对人才聚集的影响，旨在进一步发掘、利用社会资本，推动人才聚集及聚集效应的产生和提升。

关键词：社会资本；人才聚集；聚集效应

中图分类号：F035　**文献标志码**：A

---

❶ 基金项目：国家自然科学基金资助项目（70973086）；山西省软科学项目（2009041051-02）。

The Study of Social Capital's Impact on Talent Aggregation

Wang Cong, Niu Chong-huai, Yang Yan–chao

(College of Economics and Management, Taiyuan University of Technology, Taiyuan, Shanxi, 030024, China)

Abstract: Talent aggregation as an important form, its form and development need the support of social capital, a complete social relation network is the foundation of produce of talent aggregation effect. Based on the analysis of talent aggregation's characteristics of region, dynamic, community, and sharing, defined the connotation of social capital combining with talent aggregation. Analyzed the social capital's impact on the talent aggregation form cognition dimension, relation dimension and structure dimension, aiming to discover and use social capital, promote the produce and enhancement of the effect of talent aggregation.

Key words: social capital; talent aggregation; aggregation effect

一、引言

聚集经济是经济活动在地理空间分布上的集中现象,主要表现为相同(类似)产业或互补产业在一个特定的、邻近地理区位上的集中所形成的产业群或相互依赖的区域经济网络[1]。随着劳动分工的深化和经济活动的集中化,经济活动在地理空间的集聚趋势日益显著。

聚集经济作为一种经济现象,历来引起诸多学者的关注。马歇尔在《经济学原理》一书中,首次提出了产业聚集与空间外部经济的概念,并阐述了存在外部经济与规模经济条件下的产业聚集的经济动因[2]。工业区位经济学家Weber最早提出了"聚集经济"的概念,将聚集经济定义为成本的节约,并探讨了产业集聚的因素,量化了集聚形成的规则[3];迈克尔·波特从企业竞争优势的角度对产业聚集现象进行了详细研究,并在此基础上提出了产业群的概念[4];Feldman与Florida从集群对创新影响的角度分析了集聚经济性效应[5]。可见,学者们对聚集经济相关研究的文献较多,研究角度主要集中于产业的聚集。

产业的聚集往往伴随着人才的聚集,人才聚集是产业聚集的效应之一或是条件之一[6]。人才聚集作为生产要素在地理空间聚集的一种重要形式,是推动聚集经济产生与发展的重要力量。

人才聚集的过程是各种社会关系交织形成和不断融合的过程。社会资本作为一种关系资本和稀缺的社会资源,其影响作用于人才聚集的整个过程。人才聚集的形成与发展离不开社会资本环境的支撑。

因此,从社会资本的角度研究其对人才聚集的影响,对于促进人才聚集及效应的产生，推动聚集经济的发展有着一定的积极作用；同时从人才聚集的角度深化对社会资本的认识，有助于对社会资本进一步的发掘与利用，从而使人才聚集效应得到提升。

二、人才聚集分析

（一）人才聚集内涵

人才作为人力资源中的优秀群体，是知识创造、传播的内生力量，他们会在区域要素边际收益差异和自我价值实现等因素的引致和驱动下，从不同的区域（或组织）流向某一特定的区域（或组织），形成人才聚集现象，并相伴产生新的知识链条，通过一定环境的作用及聚集组织内部或组织间的协同创新，产生一定的人才聚集效应[6]。

人才聚集是在人才流动基础上的市场配置与生产要素的重组，是劳动分工深化、经济活动集中化的结果。对于人才聚集的内涵，可以从以下角度理解。

从知识角度来看，人才聚集将具有不同或相似知识背景的人才进行会集，形成组织内与组织间的知识链条，通过对同质或异质知识的整合形成知识聚集的创新优势。人才的分布在一定程度上代表了知识的分布，而人才通过组织聚集实现了知识在时间与空间上的融合，达到对知识的积累与沉淀，使组织拥有一定的知识存量，形成一定的知识场，产生人才群体知识的协同及放大效应。

从角色角度来看，人才聚集群体由一群地位与角色相互关联的人才组成，是社会结构的一个重要组成部分。人才个体会以不同的角色关系凝聚在特定的组织内。人才的自主流动性，使人才聚集更加柔性化。组织在一定的条件下，能够维持一定的角色弹性，通过实现人才群体角色的转换，发挥其社会功能。

从创新角度来看，人才在聚集后所进行的主要经济活动是创新。人才群体经局部创造性融合，通过自身创新结构组织及其与环境的相互作用，往往使人才聚集群体的创新功能远远大于人才个体所具有的功能之和，即产生 1+1>2 的协同效应。此外，人才聚集所产生的创新效应会大大降低创新的风险，提升人才聚集群体的生存机能。

（二）人才聚集特征分析

人才聚集的特征主要有区域性、网络性、动态性、群落性、共享性。

区域性：人类的经济活动总是在一定的区域内进行的，人才只有在一定区域内进行有机组合才能发挥其加总作用。在特定的区域内，人才群体通过聚集的"区位优势"，能快速、有效地获取创新所需的各种资源与环境，从而形成区域创新体系、技术传播与扩散路径，推动创新的产生。

网络性：人才流动和聚集创新必然会伴随着知识流动。在人才聚集下，知识的平行与交叉流动会形成一定的知识网络。各人才聚集组织间在长期正式或非正式合作与交流过程中会形成相对稳定的、以知识为纽带的区域创新网络，而人才间的交互性又会形成一定区域的社会关系网络，使得人才聚集呈现网络性。

动态性：人才个体结构分布与构成是不断变化的，如知识、技能、年龄等。因而人才聚集群体的梯度、结构、能力等都处于不断变化的状态。人才聚集实际上是资源配置不断优化的一种动态过程，这种动态性有利于组织资源与外界资源的交换，激发组织的创新活力，提高组织知识的动态竞争力。

群落性：人才聚集是由直接或间接联系的人才有机组合的相对稳定的群落。在群落空间结构中，他们彼此处于不同层次，并相互作用、相互影响。人才聚集群落受"生态环境"的影响，环境越优越，群落中聚集的人才数量就越多，具有所谓的"马太效应"。因此，人才聚集不仅表现为数量上的集中，还体现为聚集的群落性。

共享性：人才聚集将人才个体分散的知识转化为整体共享的群体知识、组织知识，充分发挥知识的"外部性"与"溢出效应"，形成知识共享系统。人才个体将个体知识扩充到共享系统中，并通过共享机制获取所需知识，使人才个体与知识共享系统相互丰富，扩大知识共享量，提高人才群体的创新力与竞争力。

（三）人才聚集效应分析

与其他经济现象一样，人才聚集现象形成后会产生两种效应：一是人才聚集的非经济性效应；二是人才聚集的经济性效应[7]。

人才聚集的非经济性效应是人才与其他要素资源配置未达到理想化状态，致使人才聚集现象未发生质变，所产生的聚集经济性效应不明显。其原因主要有：人才间没有形成内在的联系，聚集中各种冲突的产生，人才聚集环境不理想等。

人才聚集的经济性效应是人才与其他要素资源，在内外环境作用下，发生"化合反应"，产生了超过人才个体独立作用之和，即产生 $1+1>2$ 的聚集效应。为研究方便，本文将人才聚集的经济性效应归为人才聚集效应。

三、社会资本及其划分

"社会资本"的概念最初由经济学中的资本演变而来。20世纪70年代以来，社会资本的研究逐渐成为社会学、经济学、管理学等诸多学科关注的热点之一。目前，学术界对社会资本的内涵还没有统一的界定。法国社会学家Bourdieu从社会学角度首次正式提出"社会资本"概念，并认为社会资本是个人或群体通过占有一个稳定持久的关系网络而增加的实际或潜在的资源的集合体[8]；Coleman从社会结构角度论述了社会资本，认为其是生产性的，可以决定某些特定目标能否实现的资本[9]；Putnam则认为社会资本是社会组织的特征，例如信任、规范及网络，它们能够通过推动协调的行动来提高社会效率[11]。

基于学者们对社会资本的理解，结合人才聚集的内涵，本文将社会资本定义为：在一定的空间范围内（包括物理空间与虚拟空间），人才聚集组织为实现某一特定目的或目标，通过摄取与使用社会关系网络中的各种资源，获取所需（实际或潜在的）关键资源并将其转化为一定聚集经济效益的资本。

目前关于社会资本的划分，比较明确的是将社会资本划分为认知型社会资本与结构型社会资本。在此基础上，Nahapiet和Ghcshal将社会资本区分为三个不同的维度：认知维度、关系维度与结构维度[11]；H. Yli-Renko，E. Autio和V. Tontti将社会资本划分为内部社会资本与外部社会资本[12]；边燕杰与丘海雄将企业社会资本概括为横向联系、纵向联系、社会联系三类[13]；张娜与陈学中则对团队社会资本进行了研究，将其划分为团队内部的社会资本、团队在组织内部的社会资本、团队在组织外部的社会资本，并分析了其对绩效的影响[14]。

本文采用 Nahapet 和 GHoshal 对社会资本这一划分,并分别从认知维度、关系维度与结构维度分析社会资本对人才聚集的影响。

四、社会资本对人才聚集的影响分析

人才聚集的过程是各种社会关系交织形成的过程,它反映了人才对已建立的各种关系网络的依赖性。人才聚集的经济活动只有根植于或嵌入一定的社会关系网络中,才能长期并保持一定效率地产生聚集效应。人才聚集通过社会资本,能形成与区域创新环境的良好互动,而这种互动在很大程度上又丰富了社会资本的发展。

社会资本是一种关系资本,能允许多样化关系并存。由于人才具有异质性特征,人才聚集产生了复杂的、多样化的关系资本。社会资本通过黏合、强化人才个体间的关系,从而消减人才聚集的各种冲突,提升人才聚集的自然融合度,增强人才间的凝聚力与稳定性;社会资本作为资源要素,是人才聚集形成与发展的基础。社会资本本身就是一种具有价值的、不可模仿的稀缺资源,组织利用这种资源摄取相关竞争资源来维持竞争优势[15]。社会资本的积累通过对现有关系模式的复制,使人才聚集可获取大量相关创新资源,产生聚集创新优势。同时,人才聚集能保持获取的外部创新要素大于内部耗散的创新要素,使人才聚集实现创新动态性、可持续性发展[16]。此外,社会资本为人才聚集效应的产生与提升提供了所需的场域,使知识充分共享,技术有效传播与扩散,人才聚集创新优势不断增强。以下分别从社会资本的三个维度来分析其对人才聚集的影响。

（一）社会资本认知维度对人才聚集的影响分析

"认知"是心理学界普遍使用的一个心理学术语，是个体重要的心理活动，对个体的行为具有重要的调节作用。

每个人才个体认知都具有一定的偏好性与局限性。他们的行为都会不同程度地受到自我感知与个体间选择性溢出的影响。当人才个体所处的环境不能满足自我需求时，他们就会重组自我的认知结构，为追求某种更高的空间经济效益产生自主流动行为。认知一致理论强调人们总是寻求一种平衡的、一致的、协调的状态。而社会资本具有认知导向功能，能引导人才的认知，促使人才在追求自我利益的驱动下与实现个人价值的引致下，向某一区域或组织流动、聚集，并在内外环境作用下产生人才聚集效应。

人才聚集到一定区域或组织内，便在社会资本认知的协调与凝聚下，在认知上趋于一致，使人才群体产生一致性的态度和行为，并融入人才情感成分，形成人才群体共同的目标、相近的价值观。这种共同愿景的产生形成了人才群体认知图式，从整体上提升了群体社会资本，并将其转化为人才聚集的放大效应。由于共同愿景是建立在一定的共有知识基础上，因此人才群体能从整体上对知识进行理解与吸收，有助于人才群体知识的溢出与群体核心竞争力的培育。而且在共同愿景下，人才间拥有相似的心理感知和较强的群体归属感，可以强化人才群体间的凝聚力，提高人才研究与创造的积极性，促进人才聚集效应的产生与提升。

（二）社会资本关系维度对人才聚集的影响分析

社会资本关系维度的关键要素是信任。信任是一种态度，是相信他人愿意而且能够完成他的义务和承诺,从认识与行为的综合角度来看,信任行为是认知与预期的必然结果[17]。

社会资本的利用具有互惠特征,人才聚集通过人才间的分工协作产生协同效应使人才个体从中受益。而信任是在不确定性与风险性存在的社会环境中,促使协作关系形成的必要条件。信任作为人才间的"润滑剂",能消减人才聚集的各种冲突,优化人才间的有机联系,稳固人才聚集的基础;信任可以减少信息的不确定性,抑制机会主义行为与任意行为的产生,提高人才聚集的抗风险能力;信任也可以激发资源交换与知识转移,充分挖掘人才群体内的潜能,促使组织间的资源互换变得更加便利,为人才聚集群体功能的发挥夯实基础。而从知识的角度来看,相互信任能缩短人才或群体间的知识距离,使知识达到深层次的交换与共享,尤其是具有默会性的隐性知识,有利于人才群体的知识整合创新,产生知识的放大效应。

(三)社会资本结构维度对人才聚集的影响分析

人才聚集是由不同层次结构的、具有特殊形式关联的人才聚合而成的,它对社会资本具有高度依赖性。社会资本作为一种社会结构性的网络资源,在一定程度上决定了人才聚集群体的行为方式及目标的实现。

网络密度作为社会资本结构维度的主要子维度,其密集性对人才聚集的影响是极为深刻的。密集的网络区域往往具有区位优势,区域内技术与分工更加深化和复杂化,对人才有较强的吸聚力并易于产生本区域人才聚集的"马太效应"与范围经济。同时,密集的网络区域内,信息发送与接收双方的物理距离短,获取信息的渠道多,信息的传递、扩散速度快,信息的共享水平高,促使人才能快速、大范围地获取和转移资源，实现资源优势互补，达到资源的优化配置，提升人才聚集的创新能力与空间。而且，人才个体在密集的网络区域内也能及时、准确地获取个人发展信息，合理地流入人才聚集组织，为其注入新的活力，及时地优化与提升人才聚集的创造性融合。因此，人才聚集拉力与人才个体推力的共同作用，丰富了人才供需体系，增强了人才聚集的动态性与延伸性，使得人才聚集具备了对环境的动态适应能力。

根据社会资本理论，社会资本使用的次数越多，其供给就越大，社会资本发挥的功效也就越大。高密度的网络，人才间横向与纵向接触的频率较高，互动强度大，能有效激活人才群体的社会资本存量，加速区域技术的扩散，形成人才间双边或多边式的集体学习环境，使社会资本在流动中不断地积累与增值，最终体现为一定的人才聚集效应。

基于以上分析，社会资本对人才聚集及聚集效应的影响如图附录1-1所示。

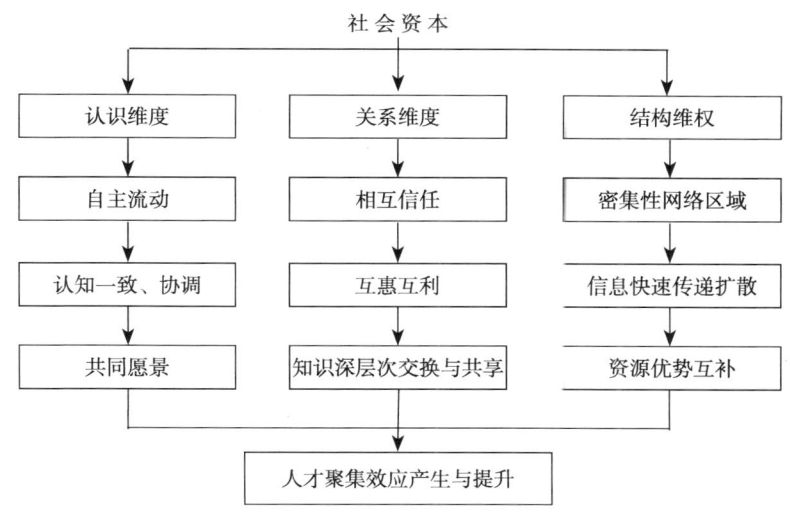

图附录1-1 社会资本三个维度对人才聚集及聚集效应的影响

五、结语

社会资本与人才聚集具有内在的高度关联性。人才聚集作为一种重要的空间聚集形式，在推动聚集经济发展中，很大程度上依赖于它所拥有的社会资本。而人才聚集又会对社会资本的生产与积累产生推动作用。因此，发掘并利用社会资本，完善相关社会关系网络对于人才聚集乃至区域经济的发展至关重要。本文对人才聚集的内涵及特征进行了再分析，从人才聚集的角度界定了社会资本，并分别从社会资本三个维度分析了对人才聚集的影响，为人才聚集理论研究提供了以社会资本为切入点的新视角。

社会资本对人才聚集产生积极影响的同时，也会产生一定的消极作用。社会资本认知的局限性，可能会产生人才群体的"羊群行为"，导致人才聚集过度集中，而资源的承载力不够，人才聚集冲突不断显现；过度的信任，会过于集中关注"圈内人才"而排挤"圈外人才"，不利于人才聚集动态平衡演化，对人才聚集的发展产生阻碍；网络密度过高，又会使人才聚集产生对周围环境的过度依赖性，使人才聚集缺乏"动态柔性化"，导致人才群体创新功能的弱化与竞争力的削弱。因此，在放大社会资本对人才聚集的积极影响的同时，还应抑制或削弱其负面影响，以充分、有效地利用社会资本，促进人才聚集的形成及聚集效应的产生，推动区域经济的发展。

参考文献

[1] 陈继勇，肖光恩，2005.国外关于聚集经济研究的新进展[J].江汉论坛（4）：5–10.

[2] 马歇尔,2007.经济学原理[M].朱攀峰,译.北京：北京出版社.

[3] Weber A, 1929. Alfred Weber. Theory of the Location of Industries [M]. Friedrich C, Trans. Chicago: University of Chicago Press.

[4] 迈克尔·波特,2002,李明轩,等译.国家竞争优势[M].北京：华夏出版社.

[5] Feldman, Florida, 1994. "The Geographic Sources of Innovation: Technological Infrastructure and Product Innovation in the United States [J]. Annals of American Geographer.

[6] 王奋,2008.中国科技人力资源区域集聚的理论与实证研究[M].北京：北京理工大学出版社.

[7] 牛冲槐,接民,等,2006.人才聚集效应及评判[J].中国软科学(4): 118–121.

[8] Bourdieu P, 1985. The Forms of Capital [A]// I J G Richardson. Handbook of Theory and Research of the Sociology of Education [C]. New York: Greenwood.

[9] 詹姆斯·科尔曼,1999.社会理论的基础[M].邓芳,译.北京：社会科学文献出版社.

[10] Putnam R, 1993. The Prosperous Community: Social Capital and Public Life [J].The American Prospect.

[11] Nahapiet J, Ghoshal S, 1988. Social Capital, Intellectual Capital, and The Organizational Advantage [J]. Academy of Management Review (23): 242–245.

[12] Yli-Renko H, Autio E, Tontti V, 2003. Social Capital. Knowledge, and The International Growth of Technology-Based New Firms [J]. International business review (11): 280–303.

[13] 边燕杰,丘海雄,2000.企业的社会资本及其功效[J].中国社会科学(2): 87–99.

[14] 张娜,陈学中,2007.团队社会资本及对绩效的影响[J].科学学与科学技术管理(11): 181–185.

[15] Barney J B, 2001. Gaining and Sustaining Competitive Advantage [M].2nd ed., New Jersey: Prentice–Hall.

[16] 向希尧,朱伟民,2006.产业集群中社会资本的作用研究[J].工业技术经济(6): 4–7.

[17] 顾新,2008.知识链管理——基于生命周期的组织之间知识链管理框架模型研究[M].成都；四川大学出版社.

附录 2

科技环境与科技型人才聚集效应作用机理研究 ❶

王 聪 牛冲槐 李乾坤

（太原理工大学 经济管理学院 山西 太原 030024）

摘要：科技型人才的创新活动是一项复杂的学习和创造的实践活动，其活力来源于创新环境要素及要素间相互协调的能力。科技环境是一个庞大复杂的环境系统。从影响科技型人才聚集的科技政策、机制环境、科技成果市场转化、融资环境等方面研究了科技环境对科技型人才聚集效应的影响；同时，科技型人才聚集效应的提升也能促进科技型人才的聚集，增加区域科技成果并提高其转化效率，优化区域科技环境。

关键词：科技型人才；科技环境；聚集效应；作用机理

中图分类号：F035 **文献标志码**：A

---

❶ **基金项目**：国家自然科学基金资助项目（70973086）；山西省软科学项目（2009041051-02）。
作者简介：王聪，（1969— ），山西永济人，硕士，太原理工大学经济管理学院副教授，研究方向：人力资源管理、财务管理；牛冲槐（1956— ），男，山西夏县人，管理学博士，太原理工大学经济管理学院院长，教授，博士生导师，主要研究方向：人力资源管理、科技管理；李乾坤（1980— ），男，山西临汾人，太原理工大学经济管理学院硕士研究生，研究方向：管理科学与工程。

The Research Of Mechanism Between Technological Environment and Effect of Technological Talents Aggregation

Wang Cong, Niu Chong-huai, Li Qian-kun

(College of Economics and Management, Taiyuan University of Technology, Taiyuan, Shanxi, 030024, China)

Abstract: The innovation activity of technological talents is a complex learning and creating practice activity, its vitality is from innovation environment factors and mutual coordination among the elements. Technological environment is a vast and complex environment system. This paper has researched the influence of technological environment to the effect of technological talents aggregation from technological policy, mechanism environment, market transformation of technological achievements and financing environment which influence the technological talent aggregation. At the same time, the ascension of technological talents aggregation effect also can promote the aggregation of technological talents, increase the regional technological achievements and improve the conversion efficiency, optimize the regional technological environment.

Key words: technological talents ; technological environment ; aggregation effect ; mechanism of action

一、引言

科技型人才聚集效应，是科技型人才有效重组、合理配置所产生的一种效应，是科技型人才聚集效应大于科技型人才个体效应整体之和的一种加总效应。从系统论的观点讲就是 1+1＞2。

科技环境是一个庞大复杂的环境系统，其涵盖范围广、涉及面宽，既是抽象的，又是具体的；既可以是一个国家、地区的科技环境系统，也可以具体到一个企业、部门、科室的科技活动环境。科技环境对科技型人才充分发挥才能、产生聚集效应有着至关重要的影响。

目前，国内外学者对科技环境与科技型人才聚集效应相关研究成果有以下几项：Nawaz Sharif（1994）在构建企业技术能力框架时，认为企业实现有效的技术创新，要受到所有者和供应者、政策法规、用户和社会、竞争者四方面环境因素的制约；Marco（2004）探究了科技环境对风险投资的作用方式，认为科技环境应从经济与社会系统中的科技扩散、对联合研发的激励、企业尤其是中小企业的创新活动三个方面激活动态的风险投资市场；列文斯坦（E. G. Ravenstein）、唐纳德·博格（Donald J. Bogue）构建了"推—拉理论模型"，揭示了人口流动、人才流动与人才聚集之间的必然关系[1]；美国学者库克（Kuck）从人才创新角度研究了人才创新和人才流动之间的密切关系，认为在人才聚集的基础上，通过集体学习等途径能够实现人才群体间的知识传播，实现人才聚集的"知识溢出效应"[2]；陶慧认为科技环境分大环境和小环境两种，大环境指某一地理区域的总体科技水平；小环境特指公司为推动自身发展而刻意营造的环境[3]；阎军印等认为良好的科技环境对于增强研究开发能力发挥着积极的作用，同时也可提高高校和科研机构的科技实力[4]。而理论界对人才聚集理论与科技环境关系的研究始于 2002 年朱杏珍在《商业研究》上刊登的《浅论人才集聚机制》，认为实现人才的有效集聚，应从制度环境建设入手，即建立人才集聚机制及相应的配套机制，包括物质利益机制、精神激励机制、信息机制和法治体系[5]。牛冲槐分析了人才聚集现象及人才聚集效应的特征，认为人才的合理流动达到一定规模后才会产生人才聚集现象，但人才聚集现象要转化为人才聚集效应，还必须拥有一个良好的环境方能实现；同时他还分别从制度环境、经济环境、社会环境、文化环境、科技环境等方面，研究了科技环境对科技型人才聚集效应的影响，认为通过合理优化环境，能使科技型人才产生 1+1＞2 的科技型人才的聚集效应；同时构建了科技型人才聚集效应支持能力评价指标体系，通过复合 DEA 分析方法对青岛市科技环境人才聚集效应支持能力进行了评价[6]。

从上述研究成果可以看出，众多学者从不同的角度对科技环境与科技型人才聚集效应进行了研究，并取得显著成果。但是，这些成果都是对科技环境和人才聚集效应的分别研究，而本文是从科技环境角度研究科技型人才聚集效应，从科技型人才聚集角度研究科技环境，并分析二者的关系及作用机理，因此研究结论具有一定意义。

二、科技环境与科技型人才聚集效应的关系分析

（一）科技环境及其构成

目前，对于科技环境的定义及划分，学术界还没有统一的定论，不同学者

有不同的见解。陈士俊等将科技环境从性质上分为"硬"环境（包括经济水平、科技投入、人才资源状况等几个方面）与"软"环境（包括科技政策、科技体制、科技立法等几个方面）[7]。阎军印等从科技要素角度将科技环境划分为科技信息、科技资源、科技人员与产学研结合等几个方面[6]。陶慧从科技环境的宏微观角度将其划分为某一地理区域总体科技水平的大环境和特定公司为推动自身发展而刻意营造的小环境[5]。

从有利于科技型人才聚集角度出发，本节认为科技环境是指一定区域内由影响科技型人才创新活动的相关部门及其机构组成，并通过各行为主体的制度安排及相互作用，旨在经济地创造、引入、改进和扩散新的知识和技术，使科技创新取得更好的绩效，并将创新作为变革和发展的关键动力的一定相对稳定、开放的系统总称[8]。具体包括：科技政策环境；机制环境（包括企业和科研机构的内部机制、外部的分配和合作机制）；科技成果市场转化环境；融资环境[8,9]。

科技型人才的创新活动是一项复杂的知识学习和创造实践活动，其活力来自创新环境要素及其要素间相互协调的能力；而这些要素能力的发挥需要在一定的"空气"中进行，这种空气就是其生存的科技环境。因此，科技环境在增强科技型人才的创新活力，推动科技进步中有着至关重要的作用，而科技型人才只有在有利于其能力发挥的科技环境中才能有效地培育和展现其创新活力。

（二）科技型人才聚集效应

所谓的人才聚集效应是指在一定的时间和空间范围内，在和谐环境下，相关人才按照一定的相互联系相对集中在一起所产生的超过各自独立作用的效应。

人才聚集效应是人才流动的结果,是人才聚集现象从量变到质变的转化。人才聚集现象分为初级阶段和高级阶段,初级阶段以量变为主,突出表现为人才聚集数量的增加;高级阶段则以聚集效应的出现为标志,突出表现为人才之间的融合度提高,并出现人才使用中的加总作用。

人才聚集效应的主要特征有信息共享效应、知识溢出效应、创新效应、集体学习效应、激励效应、时间效应、区域效应和规模效应。

(三)科技环境与科技型人才聚集效应的关系

科技型人才聚集效应的产生与科技环境具有紧密的联系,并且一定区域内科技环境的改善或科技型人才聚集效应的提升都会在该区域内产生连锁反应。

从科技环境的构成要素来看,科技环境是一个由其构成要素子系统共同作用的庞大复杂的环境系统,各子系统之间环环相扣,紧密相关,对科技型人才聚集产生综合作用。一般而言,科技环境的改善,为科技型人才提供了适宜的就业机会和丰厚的待遇,吸引了更多科技型人才的聚集,刺激了区域内科研教育的发展,科技型人才的凝聚力增强,学习成本降低,学习效率提高,聚集效应明显;而科技型人才聚集效应的提升,导致区域科技创新能力增强,经济发展迅速,乘数效应明显,为更高层次的人才聚集提供了丰富的物质条件,也为科技型人才进一步科技创新奠定了坚实的基础,因而会形成更多、更高层次的区域科技创新成果。因此,科技环境与科技型人才聚集效应之间将会形成一种循环往复、螺旋上升的良性发展态势,不断地促进区域科研竞争能力迈上更高的台阶。

三、科技环境与科技型人才聚集效应的作用机理分析

（一）科技环境对科技型人才聚集效应的提升作用

科技型人才流动从人才聚集，到人才聚集效应的产生，往往与一个地区的总体科技水平息息相关。而特定区域内的科技水平取决于构成该区域内科技环境各要素的发展水平及其相互间配置与协调程度。因此，研究科技环境对科技型人才聚集效应的作用机理，应从科技政策、机制环境、科技成果市场转化、融资环境等科技环境构成要素的角度逐一分析。

（1）科技政策对科技型人才聚集效应的作用

科技政策是科技型人才流动的导向仪，可以促进科技型人才的会聚或分散。20世纪80年代，我国对东部沿海城市的优惠经济政策，吸引了众多科技型人才。"孔雀东南飞"就是科技政策导向下的科技型人才聚集的重要表现，而改革开放三十年来东南沿海城市的经济发展状况，已经有力地证明了科技政策导向对科技型人才聚集效应的影响。

第一，科技政策引导科技型人才流动。科技型人才流动是科技型人才聚集效应产生的前提。新的科技政策的实施，往往能促使科技型人才迅速流动，而合理的人才流动，有利于科技型人才的优化配置，促使科技型人才聚集更为有效地发挥其作用，产生科技型人才聚集效应。

第二，科技政策可以增强科技型人才的凝聚力。科技型人才是科技建设的参与者和创造者，是科技建设的主体。随着信息时代的到来，各个地方政府纷

纷加强不同区域、部门间的信息化建设,打造科技信息整合平台,使科技型人才在合理的人才政策激励下,有效利用信息资源,实现其信息共享和知识溢出效应。

第三,科技政策可以增强人才聚集的有效性。当前我国人才市场流动机制不健全,导致市场机制有效配置的作用不能充分发挥。而科技政策的合理导向有助于解决人才市场供求的刚性问题,引导科技型人才合理流动,以平衡区域间、企业间的人才资源配置,使科技型人才流动走出无序的局面。

(2)机制环境对科技型人才聚集效应的作用

李岚清同志在科技创新重要讲话中明确提出了机制创新是科技创新的推动力量,因此,机制环境是科技创新环境的重要组成部分。一般而言,机制环境包括企业和科研机构作为科技创新的主体,政府直接参与的职能,以及以市场为导向的利益激励机制等[9]。本文从企业和科研机构的内部机制、外部的分配与合作机制说明机制环境对科技型人才聚集效应的影响。

企业和科研机构是科研开发投入和科技创新的主体。它们通常承担了大部分应用研究和技术开发研究的任务。因此,在企业和科研机构内部构造一个"进得来、留得住、用得好"的良好科技环境,形成能够吸引科技型人才、充分发挥其效用的氛围,建立易于凝聚人才、激励创业的有效机制,才能确保科技型人才聚集效应的充分发挥。

政策的导向作用决定了政府在科技型人才聚集中的重要作用。机制环境中,政府是企业和科研机构与市场转化之间的纽带,其责任应定位于通过制定政策、法规、制度和措施来提供有利于人才聚集的平台和空间,即吸收科技、经济、教育等各系统内的专家、学者和企业家共同参与,制定合理的激励政策,在兼顾国家、企业和科研机构等多方利益的同时,不断协调,逐步融合,保证科技创新效益的最大化，为企业在区域内外部合作创新和高层次创新奠定基础，以便提升人才聚集的整体效应，提高各创新主体的创新积极性。

（3）科技成果市场转化对科技型人才聚集效应的作用

科技成果转化率是衡量一个国家或地区科技与经济一体化水平的重要指标之一[10]。科技成果只有转化为现实的生产力，才能发挥其效用。科技成果走向市场，既是逐步实现其经济效应、市场效应的过程，也是人才聚集效应发挥的过程。

科技成果市场转化作为科技与市场结合的重要环节，是科技成果向社会生产力转化的重要途径。然而，由清华、复旦等国内20所高校联合完成的"大学科技成果转化的探索与实践"课题研究报告显示，作为我国科技成果主要来源之一的科研机构——大学，因受缺乏内在动力机制和外在经济载体，以及社会投资机制不畅三大"瓶颈"制约，虽然每年取得的科技成果有6000项至8000项，但真正实现成果转化与产业化的还不到10%[11]，科技对经济的贡献率远远低于发达国家（70%~80%）。因此，科技资源的严重浪费，削弱了我国科技型人才的科研竞争力，也消减了科技型人才聚集效应，制约着我国科技、经济的快速发展。具体来看，科技成果转化对科技型人才聚集效应的作用主要体现在以下三个方面。

首先，科技成果转化是科技型人才聚集创新效应的结果。科技成果的顺利转化，不仅是国家和地方的科技、经济发展的经济驱动力，而且是科技型人才科技创新价值的实现过程。它所产生的市场价值和社会影响，既是对科技型人才长期辛勤劳动成果的肯定，又是科技型人才聚集创新效应的最佳体现。

其次，科技成果转化是科技型人才集体学习效应、知识共享效应、溢出效应的体现。科技成果的转化是一个知识聚集、人才聚集的过程，需要理论界和实业界不同科技人员的交流与配合,而这一过程的实现可以看作不同科技型人才知识融合、知识共享的过程,也是知识溢出效应产生与提升的过程。

最后,科技成果转化是科技型人才区域效应、规模效应、时间效应作用的结果。科技成果转化不是一个简单的过程,需要投入大量人力、物力和财力,由不同区域、不同类型的科技人才在长时间的合作中不断地磨合,并坚持不懈地探索。

(4)融资环境对科技型人才聚集效应的作用

融资环境作为科技环境的一个重要组成部分,它对科技型人才聚集效应的产生起着重要的作用,是发展科技、增强科研竞争能力的基本前提,也是推动地方科技发展的基本动力。

目前,我国科技计划的融资来源主要依赖于科技投入。科技投入有科技投入总量和科技投入强度(科技投入经费占 GDP 的多少)之分,也有政府指令性的科技投入和企业引导性的科技投入的区别[12]。据我国科技部统计资料显示,2008 年我国科技投入总额 3710 亿元,占我国 GDP 的 1.49%;其中中央政府投入约 1000 亿元,占总投入的 26.9%;地方政府投入约 800 亿元,占总投入的 21.6%;企业投资 1910 亿元,占总投入的 51.5%。这表明,我国科技投入已逐步形成以政府投入为指导,企业投入为主体的新型融资机制。

科技投入是科技活动的基础,是科技人员进行研发的主要经费来源,是科技环境改善和科技型人才聚集效应产生的动力源泉。一般来讲,区域内科技投入总量越多,政府和企业的科技投入强度越大,则该地区所占有的科技资源就越多,科技人员资源平均占有率就越高,科研环境就会相对优越;而良好的科技环境更能激发科技型人才的工作热情,增强科技型人才工作的主动性,更好地促进成员间的交流与协作,易于知识溢出效应、集体学习效应和知识共享效应的产生。世界闻名的美国硅谷、中国中关村多年来的科技成就,就是本国政府和企业加大科技投入,在市场机制导向作用和不同体制背景下所形成的"企业人才聚集"现象,是科技型人才聚集效应产生的典型。

(二)科技型人才聚集效应对科技环境的反作用

科技型人才作为人才中的优秀群体,是技能和知识的拥有者和创造者。从总体上看,科技型人才具有以下三个特点:具有强烈的创新意识、敢于创新的勇气和善于创新的能力;具有深厚而扎实的基础知识和稳定的研究方向,谙熟本专业的最新科学成就和发展趋势;具有较强的科学思维能力,以及对事物作出系统、综合分析与准确判断的能力[13]。这些优良的品格往往是进行科技创新活动的动力源泉。因此,促使高素质的科技型人才聚集,形成科技型人才聚集效应,对一定区域内科技创新活动和经济发展具有强大的推动作用。

第一,科技型人才的聚集丰富了一定区域内的科技人力资源。科技创新成果的研发和转化离不开科技型人才,良好的科技环境又有利于科技型人才的聚集,激发科技型人才的创新能力,因此,一定区域科技环境的建设离不开大量有知识和技能的科技型人才。而不同区域、不同类型的科技型人才聚集,扩充了当地的科技型人才资源,增强了该地区的科技竞争力,改善了科技环境。

第二,科技型人才聚集效应的成果可以增加区域内科研成果。大量科技型人才的聚集,达到一定规模,产生科技型人才聚集效应后,科技型人才可以借助集体学习的机会和相互交流的平台,利用信息共享资源,实现知识共享效应和知识溢出效应。因此,在和谐环境的作用下,科技型人才的创新能力增强,创新效应也就得到充分的发挥,自然会产生更多的科研成果。

第三,科技型人才聚集增强了区域内科技成果的转化能力。科技成果转化需要大量不同专业知识、技能的科技型人才参与,而科技型人才聚集效应正是不同类型专业知识人才聚集优化组合所产生的综合效应。科技型人才群策群力,相互协调,积极削减个体之间的冲突,增强科研能力,促进科技成果的转化。

第四,科技型人才聚集效应能形成区域内人才资源的良好竞争机制。科技型人才聚集效应的产生,最终会使得科技型人才的工作环境和待遇得到较大的改善,从而吸引大量的科技型人才涌入。在优胜劣汰的市场机制作用下,外部市场科技型人才竞争激烈,内部科技型人才的忧患意识增强,逐渐形成良好的人才竞争激励机制。

同时,随着科技型人才成员间的友谊在合作与竞争中进一步升华,科技型人才聚集的时间效应、区域效应和激励效应也进而凸显;这些效应的产生使得科技型人才的凝聚力增强,创新能力能得到充分发挥,也容易产生科技创新成果,并能充分实现科技型人才的自身价值;而科技创新成果的不断应用,促进了区域内经济的发展,为进一步的科技投入提供了扎实的经济基础,进而吸引更优秀的科技型人才聚集于该地区,增强该地区的科研竞争力,掀起新一轮的创新高潮。

四、结论

科技环境与科技型人才聚集效应有着紧密联系。一方面,科技环境是提升与制约科技型人才聚集效应的重要环境因素。政府应通过制定人才政策、加大科技投入、完善基础服务等措施,优化科技环境,消除不利因素,为科技型人才聚集效应的产生与提升营造一个良好、和谐的环境氛围,提升区域科研竞争力,促进科技型人才聚集效应的提升。另一方面,科技型人才聚集效应的产生和提升又能反作用于科技环境,有效地改善一定区域的科技环境质量,吸引更多、更好的科技型人才聚集。而且科技型人才在高层次的科技环境中聚集,会产生更高层次的人才聚集效应,实现更高水平的科技创新能力,进而涌现大量的科技成果,并不断地转化为有效的生产力,则科技环境与科技型人才聚集之间就实现了良性循环、螺旋式上升的发展态势,并不断促进区域乃至整个社会的持续进步与协调发展。

参考文献

[1] E. G,1967. Ravenstein. The law of migration [J]. Journal of the Statistical Society(48):132–133.

[2] 叶金松,吴存凤,2007. 库克曲线与中国人力资源管理 [J]. 经济与管理(1):56–58.

[3] 陶慧,2001. 科技环境与跨国公司全球技术开发战略 [J]. 科技管理研究(3):3–7.

[4] 阎军印,刘连娣,2004. 科技成果转化中环境功能有效性的分析与评价 [J]. 商业研究(285):20–24.

[5] 朱杏珍,2002. 浅论人才机制 [J]. 商业研究(8):65–67.

[6] 牛冲槐,等,2007. 科技环境对科技型人才聚集效应的影响分析 [J]. 太原理工大学学报(自然科学版)(3):16–20.

[7] 陈士俊,柳洲,王梅,2005. 科学技术及其发展环境的问题理论思考 [J]. 科学学与科学技术管理(1):5–10.

[8] 李婷,董慧芹,2005. 科技创新环境评价指标体系的探讨 [J]. 中国科技论坛(7):30–31.

[9] 王雷,刘永忠,2005. 湖北省区域科技创新环境建设构想 [J]. 科技进步与对策(5):41–42.

[10] 谭华玲,2009. 科技成果转化率低的市场原因及对策分析 [J]. 中国集体经济(2):89–90.

[11] 北方技术网，我国高校科技成果转化率不到 10% [EB/OL].（2015-05-25）[2018-03-02]. http://ntem.com.cn.

[12] 郝刚，张维，2006. 中国财政科技投入资金的引导、衔接功能研究 [J]. 中国软科学（9）：76–8.

[13] 王广民，林泽炎，2008. 创新型科技人才的典型特质及培育政策建议 [J]. 科技进步与对策（7）：186–189.

附录 3

京津冀协同发展中科技资源配置效率研究
——基于超效率 DEA – 面板 Tobit 两阶段法 ❶

王 聪 朱先奇 刘玎琳 周立群

（太原理工大学 经济管理学院 山西 太原 030024）

摘要：科技资源配置分为科技研发与科技成果转化两个阶段。采用超效率 CCR 模型对京津冀科技资源研发阶段与转化阶段效率进行测度，并进一步利用面板 Tobit 模型分析科技资源配置效率的影响因素。结果表明：京津冀科技成果转化效率明显低于科技研发效率；京津冀三地科技资源配置效率存在严重分化现象；产业结构和经济开放程度分别对科技研发和成果转化阶段资源配置效率具有显著影响。在协同发展过程中，应根据京津冀城市功能定位，实现错位发展、融合发展。同时，建设科技成果转化服务体系，促进创新要素合理有序流动，提升区域总体创新水平。

关键词：科技资源；配置效率；京津冀；DEA 模型；Tobit 回归

中图分类号：F207 **文献标志码**：A **文章编号**：doi

---

❶ **基金项目**：国家自然科学基金资助上项目"基于人才聚集的高等院校协同创新机制研究"（71473174）；山西省软科学研究重大项目"山西省高等学校协同创新网络连接机制研究"（2016042007-1）；山西省软科学研究项目"基于人才聚集的高等院校协同创新效率研究"（2016041008-4）。
作者简介：王聪（1969— ），女，山西永济人，太原理工大学经济管理学院副教授，博士生，硕士生导师，研究方向：科技管理，财务管理。朱先奇（1954— ），男，山西定襄人，太原理工大学经济管理学院教授，博士生导师，研究方向：科技管理，知识管理。

The Allocation Efficiency of S&T Resource in Beijing-Tianjin-Hebei Region under Regional Synergistic Innovation: A Two Stage Analysis of super-efficiency

Wang Cong, Zhu Xianqi, Liu Dinglin, Zhou Liqun

(Taiyuan University of Technology, Taiyan, Shanxi, 030024, China)

Abstract: The allocation of S&T resource can be divided into two stages as S&T research and transformation of achievement. This paper measures the efficiency of these two stages by using the super efficiency CCR model, and analyzes the influence factors of the allocation efficiency of S&T resource based on panel Tobit model. Empirical results indicate that : the transformation efficiency of Beijing-Hebei region is significantly lower than that of S&T research ; the allocation efficiency of S&T resource in Beijing–Tianjin–Hebei region shows serious regional differentiation ; the industrial structure and the degree of economic openness have a remarkable impact on the efficiency of resource allocation in these two stages respectively. It is necessary to realize that dislocation development and integration development according to the function orientation of Beijing–Tianjin–Hebei city during the process of synergistic development. At the same time, we will build a S&T achievements transformation service system to promote the rational and orderly flow of innovation elements and enhance the overall level of innovation.

Key words: science and technology resources ; allocation efficiency ; Beijing–Tianjin–Hebei region ; DEA model ; Tobit regression

一、引言

科技资源配置是区域创新能力的关键性驱动要素，近些年我国科技经费投入一直呈现持续快速增长的态势，研发投入总量处于世界前列，但我国的科技创新能力与科技竞争力仍无法完全解决我国经济运行中积累的矛盾与社会发展中的结构问题。京津冀协同发展作为国家重大区域一体化战略，当前仍然面临发展不平衡、科技资源共享不足、科技创新合作机制不健全等问题。如何以最小的科技资源投入实现最大的科技产出是经济发展速度换挡、结构调整和动力转换过程中亟待解决的关键问题。因此，结合京津冀科技资源禀赋特点和协同发展的主体框架，客观评价其区域科技资源配置效率及影响因素，进一步探索促进科技资源合理流动、开放共享、高效利用的有效路径，对深化京津冀协同发展，建设创新型国家具有重要的现实意义。

作为国家重要的战略性基础资源之一，科技资源在一定程度上改变了传统要素对经济发展的作用，逐步成为拉动经济发展的核心驱动力。科技资源配置效率代表运用和整合科技资源的能力，反映科技系统的整体功能和运行情况[1-2]。梳理相关文献可以看出，目前关于我国科技资源配置的研究较多，但大多数研究是从科技资源整体效率角度进行分析的，主要包括以下几个方面。

（一）科技资源与经济增长关系方面

唐德祥等利用面板数据 SFA 模型分析了我国东、中、西部 R&D 与技术效率间的内在关系，指出我国三大地区间的技术效率差距逐年扩大[3]。焦继文将研究变量设为中心城市科技资源集聚度与各省 GDP 增长率，重点分析了中心地区科技资源集聚与区域范围内经济增长之间的关系[4]。黄海霞通过构建战略性新兴产业科技资源配置的 DEA 模型，分析得出我国战略性新兴产业科技资源配置效率整体水平提升明显，但不同产业间存在较大差异性与非均衡性[5]。

（二）科技资源效率评价方面

范斐等利用突变级数法测度了全国 31 个省级行政单位的科技资源配置效率，并采用 NRCA 模型计算了各区域科技资源配置效率的比较优势[6]，并在后续研究中基于空间 Durbin 模型，系统分析了区域科技资源配置效率的空间溢出效应及关键影响因素[7]；金怀玉等利用 DEA 模型分析了我国各地区科技创新绩效，认为我国科技创新效率存在区域不均衡性[8]；李嬛通过构建 DEA–Malmquist 生产率指数模型，研究了上海科技要素配置效率，分析结果表明，目前科技资源依然存在过度集中于传统工业领域的现象，不同行业之间存在大量配置无效率现象[9]。

（三）科技研发投入产出方面

曹贤忠等运用 VRS–Malmquist 模型分析得出，2000—2012 年长三角城市群研发资源的投入产出的综合效率总体较低，且变动较大[10]。苑清敏等指出，我国三大城市群的科技资源配置效率的整体水平较高，其中以珠三角城市群的区域分布状态为最优[11]。

（四）京津冀科技资源配置方面

谢思全等（2006）运用描述性统计方法分析了京津冀地区科技资源的存量、产出和产出绩效，指出京津冀地区具有科技资源禀赋优势[12]。姜云生指出，指出京津冀科技资源配置优化所亟须解决的问题是如何有效利用在行政体制分割背景下重复建设的大量创新基础设施[13]。张亚明等通过分析京津冀协同创新发展的内在规律以及创新过程中科技资源共享的困境，构建了京津冀科技资源共享的声誉博弈模型[14]。

综上所述，目前已有研究成果侧重于科技资源配置效率评价，主要存在以下问题：一方面，评价指标大多仅考虑了科技资源的直接产出，忽视了间接产出；另一方面，目前研究尚未深入分析资源配置效率的影响因素及科技资源研发和成果转化阶段效率的差异。鉴于此，本研究在测度京津冀科技研发效率和成果转化效率的基础上，分析科技资源配置效率差异及其影响因素，提出构建京津冀协同创新共同体的有效路径与对策建议。研究结论可以为京津冀协同发展中明确三地功能定位，理顺产业发展链条，形成城市联动机制，提高城市群一体化水平等区域发展战略规划的制定提供参考。

二、理论分析与研究方案设计

（一）理论分析

创新是一种新的生产函数的建立，即实现生产要素和生产条件的一种全新结合[15]。科技创新效率是科技创新能力与科技创新动力的综合反映，主要强调在某一时间范围内"科技创新投入"与"科技创新产出"的比例关系，以及科技创新资源对区域经济增长的推动效应。

科技创新通常包括原创性科学研究与技术创新两个方面，从而可将其直接划分为科技研发阶段与成果转化阶段，而科技创新活动的结果可以表现为研发投入的产出（直接产出）和成果转化的经济效益（间接产出）。某种程度上，科技成果转化阶段是科技成果研发阶段的延伸，是科技研发成果的进一步实践和应用。科技研发投入，涉及科技人力资源、财力资源、物力资源和信息资源的投入[16]，而科技研发投入的产出涉及科技资源投入的直接产出和成果转化形成的间接产出。在综合考虑指标体系的科学性、全面性、代表性的基础上，本文分别选取《中国科技统计年鉴》中研究与试验发展（R&D）人员全时当量，研究与试验发展（R&D）经费内部支出，科学研究、技术服务和地质勘查业全社会固定资产投资，以及互联网接入端口数来反映各要素的投入强度；以国内三种专利申请授权率和国外主要检索工具收录科技论文数来衡量科技研发阶段的直接产出；以技术市场合同成交额和高技术产业新产品销售收入作为本阶段间接产出的指标。

任何主体的资源配置行为都是在一定环境条件下进行的，任何资源的配置行为也必然会受到政治、经济、社会等各种条件的制约和影响。从科技资源要素贡献角度出发，选择产业结构、经济开放程度、政府支持力度和高等教育发展水平作为科技资源配置的外部环境变量。考虑数据的可得性，选用第三产业产值占地区生产总值比重、外商投资企业投资总额与地区生产总值的比重、地方财政科学技术支出占地方财政一般预算支出比重、普通高等学校在校学生数占地区总人口比重作为表征变量[17-19]。通过上述分析，可构建出科技资源配置效率衡量指标体系，见表附录 3-1 所示。

表附录 3-1　科技资源配置效率衡量指标体系

变　量	项　目		衡 量 指 标
内生变量	科技研发阶段投入		研究与试验发展（R&D）人员全时当量
			研究与试验发展（R&D）经费内部支出
			科学研究、技术服务
			地质勘查业全社会固定资产投资
			互联网接入端口数
	科技研发阶段产出	直接产出	国内三种专利申请授权率
			国外主要检索工具收录科技论文数
		间接产出	技术市场合同成交额
			高技术产业新产品销售收入
外部环境变量	科技资源配置效率影响因素		产业结构
			经济开放程度
			政府支持力度
			高等教育发展水平

（二）研究方案设计

在全球经济一体化的背景下，创新活动呈现新的特征：由相对封闭状态转变为自由开放状态，从区域协作发展为全球共享，从单一科研主体独立完成演变为跨组织跨区域协同创新等，导致上述新特征出现的直接原因主要包括以下三个方面：一是创新过程的复杂性与不确定性不断增加，二是产品生命周期的不断缩短，三是消费者个性化需求日益严苛。因而，对京津冀协同发展中科技资源配置效率测度及影响的研究，不仅取决于上述科技资源投入要素等可控变量，同时也不可避免地会受到政治、经济、社会等外生环境变量的影响。

因此，本书在分析确定科技资源配置效率指标体系（见表附录3–1）的基础上，运用超效率DEA–面板Tobit两阶段法对京津冀协同发展中科技资源配置效率影响因素进行评估。第一阶段，采用超效率DEA方法，测度2008—2014年京津冀科技资源配置效率及其变化；第二阶段，以京津冀科技资源配置效率作为被解释变量，产业结构、经济开放程度、政府支持力度和高等教育发展水平等作为解释变量，运用面板Tobit模型，探究各要素对京津冀科技资源配置效率的实际影响。

三、京津冀协同发展中科技资源配置效率测度

（一）模型与数据来源

一般而言，DEA常被用于资源配置效评价中[20-22]。而传统的CCR模型、BCC模型等测度效率方法，无法比较多个有效决策单元之间的效率高低。因此，本研究选择能够有效提高测度结果可比性的超效率CCR模型[23, 24]。又由于投入要素是决策的基本变量，其与产出变量相比更容易控制，因此从投入角度来测度科技资源配置效率，更能准确地把握科技资源投入与产出之间的对比结果。

假设共有 m 个DMU，每个DMU都有 n 种类型的投入和 s 种类型的产出，第 k 个DMU的投入、产出变量可分别表示为 $X_k = (x_{1k}, x_{2k}, x_{3k}, \cdots, x_{nk})T$，$Y_k = (y_{1k}, y_{2k}, y_{3k}, \cdots, y_{sk})T$，$k = 1, 2, \cdots, m$，则投入角度超效率CCR模

型的线性规划形式可以表示为：

$$\min_{\lambda\theta} \theta$$

$$s.t. \sum_{k=1}^{m} x_k \lambda_k \leqslant \theta x_0 \qquad (1)$$

$$\sum_{k=1}^{m} y_k \lambda_k \geqslant y_0$$

其中，x_0、y_0 分别表示 DMU_0 的投入向量和产出向量；λ 表示第 k 个决策单元的权值；θ 为决策单元 DMU_0 投入相对于产出的有效利用程度，也就是 DMU_0 的效率值。

相关数据来源于《中国科技统计年鉴（2009—2016）》《中国高技术产业统计年鉴（2009—2016）》和《中国统计年鉴（2009—2016）》，考虑到数据的一致性和可得性，数据区间为 2008—2014 年。

（二）京津冀科技资源配置效率测度及分析

利用 DEA-Solver Pro 5.0 软件逐年测算北京、天津及河北的科技资源配置效率，具体情况见表附录 3–2 和图附录 3–1。

表附录 3–2　京津冀地区科技资源配置效率（2008—2014 年）

时间	效率	DMU				
		北京	天津	河北	京津冀均值	全国
2008	研发	3.002	0.881	0.694	1.526	0.952
	转化	1.538	2.020	0.173	1.243	0.578

续表

时间	效率	DMU				
		北京	天津	河北	京津冀均值	全国
2009	研发	2.116	0.757	0.561	1.145	0.860
	转化	1.475	1.945	0.177	1.199	0.545
2010	研发	2.244	0.783	0.696	1.241	0.864
	转化	1.497	1.555	0.134	1.062	0.512
2011	研发	2.351	0.723	0.511	1.195	0.828
	转化	1.463	1.073	0.179	0.905	0.526
2012	研发	2.427	0.681	0.533	1.214	0.823
	转化	1.527	1.157	0.199	0.961	0.537
2013	研发	2.476	1.088	0.525	1.363	0.831
	转化	1.523	1.370	0.182	1.025	0.524
2014	研发	3.382	1.029	0.705	1.705	1.012
	转化	1.432	1.354	0.198	0.994	0.587

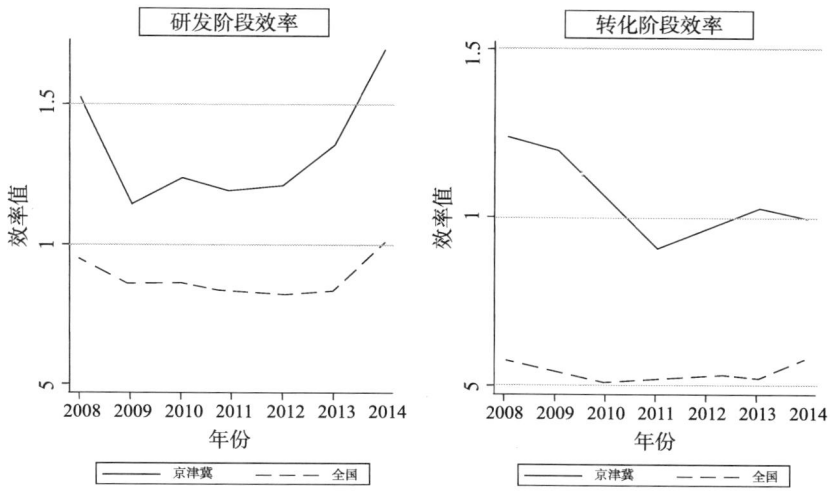

图附录3-1　京津冀协同发展中及全国科技资源配置效率对比

从表附录 3-2 的数据结果分析得出：京津冀在科技创新活动两个阶段的科技资源配置效率均值远高于全国平均水平，且在 2011—2014 年间两阶段之间的差距呈现逐年加大的趋势。同时，从分阶段研究来看，北京、河北和全国的成果转化阶段的资源配置效率在整体上都明显低于科技研发阶段；而天津的数据显示，成果转化阶段的资源配置效率高于科技研发阶段。

为了更清晰地分析北京、天津、河北在区域内部科技资源配置效率上的差异，根据表附录 3-2 的数据结果将京津冀在研发与转化阶段的效率值绘制为折线图（如图附录 3-2 所示）。

由图附录 3-2 可知，对于科技研发阶段，尽管北京的科技资源配置效率在 2009 年有明显下滑，但仍远高于天津及河北，这与三地的经济发展水平是相吻合的。对于成果转化阶段，北京的科技资源配置效率稳定维持在 1.5 上下；天津科技资源配置效率值虽然在 2008—2011 年间有所下降，但始终处于资源配置有效状态；而河北在此阶段的效率尚不足 0.5。由此可知，京津冀是我国最具创新活力的地区之一，科技资源整体实力分布密集，科技资源配置平均效率处于有效状态，但内部地区间又存在着较大差异。北京的科技投入、直接产出处于最优生产前沿，而各年的间接产出，即成果转化效率均低于科技研发阶段，科技研发直接产出成果处于冗余状态；天津的科技研发投入不高，但获得了较高的经济效益，转化阶段配置效率均高于研发阶段，投入产出水平具有较高的运行效率；河北在科技投入较低的情况下，其产出率更低，因而投入产出运行效率低下，远远落后于京津两地，且没有达到全国的综合效率水平。总之，京津冀科技资源配置效率差异明显，存在突出的分化现象，这种不均衡状态严重制约了科技资源优化配置和三地间全方位、全领域的协调发展进程。

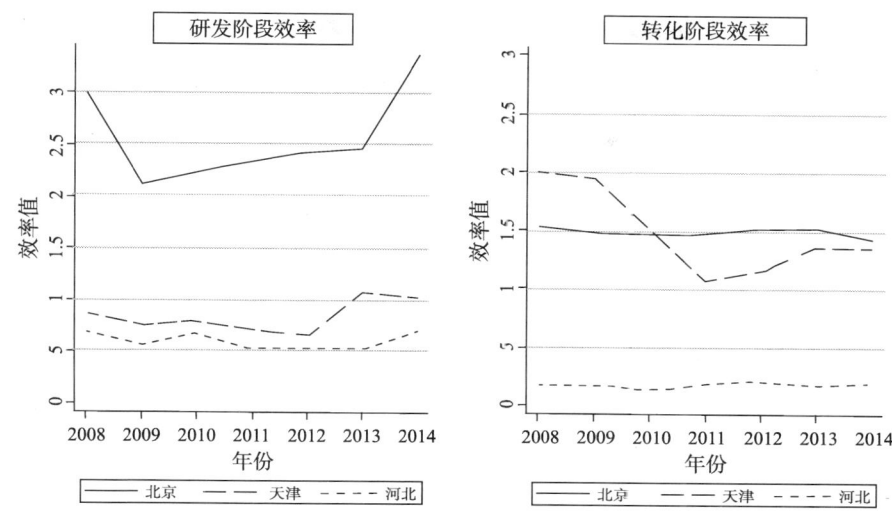

图附录 3-2 北京、天津及河北科技资源配置效率对比

四、京津冀地区科技资源配置效率影响因素分析

（一）模型与数据来源

由于利用超效率 CCR 模型测度得到的效率值为大于零的左侧截断数据，若选用普通最小二乘法会造成估计偏差。因此，为进一步分析科技资源配置效率的影响因素，本文选用 Tobit 模型进行回归分析[25]。其中，解释变量为前述各项外部环境变量，被解释变量为超效率 CCR 模型测得的科技资源配置效率值，对科技研发阶段效率值和成果转化效率值分别进行回归。模型的基本结构为

$$Y_i = \begin{cases} X_i\beta + \sigma\varepsilon_i, & X_i\beta + \sigma\varepsilon_i > 0 \\ 0, & X_i\beta + \sigma\varepsilon_i \leqslant 0 \end{cases} \qquad (2)$$

其中，解释变量 X_i 取实际观测值，被解释变量 Y_i 则只能以受限的方式被观测到，即当 $X\beta+\sigma\varepsilon_i > 0$ 时，Y_i 取实际观测值；当 $X\beta+\sigma\varepsilon_i \leqslant 0$ 时，Y_i 均截取为零。模型中 ε_i 为随机干扰项且 $\varepsilon_i \sim N(0, \sigma^2)$。可以证明，利用极大似然法估计出的 β 和 σ 为一致估计量。

数据来源于《中国科技统计年鉴（2009—2016）》《中国高技术产业统计年鉴（2009—2016）》《中国统计年鉴（2009—2016）》和国家统计局网站并经计算整理得出。时间跨度与前文效率测度保持一致，即选取 2008—2014 年的数据。

（二）研究结果及分析

本书对北京、天津及河北 2008—2014 年科技资源配置效率数据，按照科技研发与成果转化两个阶段进行 Tobit 回归，利用 stata11 得到的结果，见表附录 3-3 和表附录 3-4。

表附录 3-3　Tobit 回归分析结果

变量	科技研发阶段				成果转化阶段			
	系数	标准误	Z 值	P 值	系数	标准误	Z 值	P 值
产业结构	3.839	1.686	2.28	0.036	1.142	0.729	1.57	0.136
经济开放程度	0.416	0.530	0.79	0.442	1.975	0.229	8.63	0
政府支持力度	19.464	18.318	1.06	0.303	−1.376	7.921	−0.17	0.864
高等教育发展水平	−49.129	22.900	−2.15	0.047	3.340	9.902	0.34	0.740
常数项	−0.259	0.627	−0.41	0.685	−0.517	271	−1.91	0.074

表附录3-4　系数卡方检验表

项目	科技研发阶段	成果转化阶段
值	56.61	77.65
自由度	4	4
P 值	0.0000	0.0000

第一，表征产业结构的第三产业产值占地区生产总值比重对科技研发阶段的资源配置效率有显著正向影响，对成果转化也有正向影响但并不显著。合理的产业结构是科技资源有效配置的前提，对科技创新既有需求又有吸收能力。一定程度上，科技创新活动发掘的新思路、新方向，是区域产业转型与发展的源泉。

第二，经济开放程度对成果转化效率有显著正向影响，对科技研发效率也有正向影响但不显著。科技资源投入与产出的过程是一种不断打破和重塑经济结构的过程，开放的经济环境可以改善科技资源的利用环境，提高其配置效率。随着我国对外开放程度的提高，区域与国际市场的交流更加高效和便利，有利于引进先进的科学技术和管理模式，进而提升科技资源利用效率。

第三，政府支持对两阶段的科技资源配置效率均有正向影响但未通过显著性检验。这表明，尽管政府财政支持可以为科技创新提供资金保障，引导社会及企业资本的配置方向，进而促进科技创新的发展，但在科技宏观导向与正向激励等方面存在不足，同时过多过细的监管严重影响了科技资源配置过程中创新主体自主决策与科技资源的协同合作，导致政府对科技资源配置效率的正向影响作用出现偏差。

第四，高等教育发展水平对两阶段的科技资源配置效率均无显著影响。从理论上看，高等教育发展水平的提高有利于培养素质优良、结构合理的创新人才队伍，其对科技资源配置效率的正向影响显而易见。然而，发展高等教育需要投入大量科技资源，且科技创新人才的培养需要较长周期，存在突出的时滞现象，因此这部分投入并不能直接转化为产出，不利于短期内科技资源配置效率的提高。这部分的研究需要后续采用更复杂的方法来分析其影响。

五、主要结论与政策建议

（一）主要结论

本文利用超效率 DEA 模型对京津冀地区科技资源配置效率进行了测度，并利用面板 Tobit 回归探求其影响因素，研究发现：第一，京津冀科技成果转化效率与研发效率之间存在明显差距；第二，京津冀科技资源配置效率存在严重差异性，北京在科技研发与成果转化阶段资源配置效率均较高，天津具有很强的成果转化能力，河北在两个阶段均未实现科技资源有效配置；第三，产业结构和经济开放程度分别对科技研发和成果转化阶段资源配置效率具有显著影响。

（二）政策建议

基于以上研究结论，特提出以下政策建议。

第一，均衡科技资源研发投入机制，健全科技成果转化服务体系。京冀两地科技资源配置应用中存在严重的"重研发、轻转化"的现象，影响了科技资源的综合利用效率。而从数据分析来看，京冀科技资源配置的具体表现存在差异，北京科技投入直接产出冗余，转化效率较低；河北投入和转化效率均低。因此，应通过产业、企业、机构向津冀两地转移，分解北京科技资源研发产出成果积累压力，借以发挥天津科技成果转化优势，提升河北经济转型与发展质量，密切三地之间的经济联系并优化整体竞争力格局。与此同时，加快建立统一的技术交易管理平台，完善多层次服务体系，进一步提高区域内外技术转移和成果转化效率。

第二，明确功能定位，实现错位发展与融合发展。京津冀科技资源配置效率不均衡，北京研发阶段具有显著优势，天津具有成果转化优势，河北两阶段优势均不明显。因此，应在统筹考虑三地现代产业分工和区域优势互补要求的基础上，进一步优化科技资源空间布局。北京应依托密集的人才、资金优势，努力打造全国科技创新中心；天津应充分利用在科技成果转化方面的优势，密切与京冀的合作，强化京津联动，共同发挥对周边区域的高端引领和辐射带动作用；河北应以疏解北京的非首都核心功能为重点，力求全方位拓展与京津合作的广度与深度，推进产业转型升级与转移对接，培育新的经济增长点。

第三，优化外部环境，促进创新要素合理有序流动。从影响因素分析来看，产业结构、经济开放程度、政府支持力度是影响科技资源配置效率的直接因素。因此，可以通过构建结构合理、开放兼容的现代产业技术体系，明确政府和市场分工，统筹配置科技资源，优化创新投资管理制度，促进科技资源配置效率的提升等措施，促使科技资源要素在京津冀有序循环流动，形成充满活力的科技管理和运行机制。

六、结语

科技资源配置效率主要强调科技资源配置的空间差异与匹配程度,将直接影响着区域协同创新水平与创新绩效。因而,构建科学合理的科技资源配置机制,将有助于改善科技资源的高消耗、低产出状况,推进科技资源的整体规划均衡化与局部配置合理化,从而大大降低科技资源配置过程中的重复浪费,为京津冀协同发展提供创新基础与科技支撑。

参考文献

[1] Rongping M,Wan Q,2008. The development of science and technology in China:A comparison with India and the United States [J]. Technology in Society,30(3):319–329.

[2] 魏守华,吴贵生,2005. 区域科技资源配置效率研究 [J]. 科学学研究,23(4):467–473.

[3] 唐德祥,李京文,孟卫东,2008. R&D 对技术效率影响的区域差异及其路径依赖——基于我国东、中、西部地区面板数据随机前沿方法(SFA)的经验分析 [J]. 科研管理,29(2):115–121.

[4] 焦继文,郭宝洁,2015. 区域科技资源集聚与经济增长之关系的实证分析 [J]. 统计与决策(24):111–114.

[5] 黄海霞,张治河,2015. 基于 DEA 模型的我国战略性新兴产业科技资源配置效率研究 [J]. 中国软科学(1):150–159.

[6] 范斐,杜德斌,李恒,2012. 区域科技资源配置效率及比较优势分析 [J]. 科学学研究,30(8):1198–1205.

[7] 范斐,张建清,杨刚强,等,2016. 环境约束下区域科技资源配置效率的空间溢出效应研究 [J]. 中国软科学(4):71–80.

[8] 金怀玉，菅利荣，2013. 考虑滞后效应的我国区域科技创新效率及影响因素分析 [J]. 系统工程（9）：98–106.

[9] 李嫒，2015. 上海市科技资源配置效率评估及优化路径研究 [J]. 上海经济研究（9）：103–111.

[10] 曹贤忠，曾刚，邹琳，2015. 长三角城市群 R&D 资源投入产出效率分析及空间分异 [J]. 经济地理，35（1）：104–111.

[11] 苑清敏，申婷婷，2016. 基于科技资源配置效率的城市群联动效应研究 [J]. 统计与决策（21）：96–99.

[12] 谢思全，张燚铭，2006. 京津冀科技资源的配置特点及对策研究 [J]. 科学学与科学技术管理，27（10）：103–109.

[13] 姜云生，姜杉，焦杰，等，2016. 京津冀科技资源共享的障碍及对策 [J]. 价值工程，35（36）：216–220.

[14] 张亚明，刘海鸥，2014. 协同创新博弈观的京津冀科技资源共享模型与策略 [J]. 中国科技论坛（1）：34–41.

[15] 约瑟夫·熊彼得，1990. 经济发展理论 [M]. 北京：商务印书馆.

[16] 刘玲利，2009. 科技资源配置机制研究——基于微观行为主体视角 [J]. 科技进步与对策，26（15）：1–3.

[17] 韩晶，宋涛，陈超凡，等，2013. 基于绿色增长的中国区域创新效率研究 [J]. 经济社会体制比较（3）：100–110.

[18] 王志平，陶长琪，习勤，2013. 基于四阶段 DEA 的区域技术效率分析 [J]. 数学的实践与认识，43（17）：1–8.

[19] 梅姝娥，陈文军，2015. 我国副省级城市科技资源配置效率及影响因素分析 [J]. 科技管理研究（6）：64–68.

[20] Du J, et al, 2014. Fixed Cost and Resource Allocation based on DEA Cross-efficiency [J]. European Journal of Operational Research, 235（1）：206–214.

[21] Fang L, 2015. Centralized Resource Allocation Based on Efficiency Analysis for Step-by-step

Improvement Paths [J]. Omega, 51: 24–28.

[22] Hakim S, Seifi A, Ghaemi A, 2016. A Bilevel Formulation for DEA-based Centralized Resource Allocation under Efficiency Constraints [J]. Computers and Industrial Engineering, 93: 28–35.

[23] Andersen P, Petersen N C, 1993. A Procedure for Ranking Efficient Units in Data Envelopment Analysis [J]. Management Science, 39 (10): 1261–1264.

[24] 刘伟, 2015. 中国高新技术产业研发创新效率测算——基于三阶段 DEA 模型 [J]. 数理统计与管理 (1): 17–28.

[25] Tobin J, 1956. Estimation of Relationship for Limited Dependent Variables [J]. Econometrica, 26 (1): 24–36.

附录4

基于人才聚集效应的
区域协同创新网络研究❶

王聪　周立群　朱先奇　刘卉

（太原理工大学　经济管理学院　山西　太原　030024）

摘要：区域协同创新网络本质上是聚集地人才聚集所形成的复杂关系的集合。通过系统分析人才聚集效应与区域协同创新网络的内在联系，提出了基于人才聚集效应的区域协同创新网络关系模型。以山西省为例，运用社会网络分析方法，构建了基于人才聚集效应的区域协同创新网络。在此基础上，进行了整体网络与分类网络分析。结果表明：基于人才聚集效应的区域协同创新整体网络中，政府、高校和企业主体的网络密度均高于整体网络密度，科研机构网络密度较低，弱化了整体网络创新主体间的联系；研究型与应用型协同创新网

---

❶ **基金项目**：2015年度国家自然科学基金项目"基于人才聚集的高等院校协同创新机制研究"（编号：71473174，2015.1-2018.3）；2015年度教育部人文社会科学研究资助规划基金项目"人力资本集聚与经济结构调整的适配性研究"（编号：15YJA840014，2015.9-2013.9）；2016年度山西省软科学研究项目"山西省高等学校协同创新网络连接机制研究"（编号：20160420071，2016.7-2018.3）。
作者简介：王聪（1969— ），女（汉），山西永济人，太原理工大学经济管理学院，副教授，博士生，硕士生导师，研究方向：科技创新、知识管理。朱先奇（1954— ），男（汉），山西定襄人，太原理工大学经济管理学院，教授，博士，博士生导师，研究方向：科技管理、知识管理。刘卉（1982— ），女（汉），山西洪洞人，太原理工大学经济管理学院，讲师，博士，研究方向：知识管理、人力资源管理。

络中的创新主体间大致呈现对立式和包围式分布，人才聚集的凝聚力均明显不足。上述研究结果可进一步完善区域协同创新网络理论体系，并为相关政策制定提供参考。

关键词：人才聚集效应；区域；协同创新网络；社会网络分析

中图分类号：F270.7　文献标志码：A　文章编号：

Research on the Regional Collaborative Innovation Network Based on the Effect of Talent Aggregation

Wang Cong, Zhou liqun, Zhu Xianqi, Liu Hui

（College of Economic and Management, Taiyuan University of Technology, Taiyuan 030024, Shanxi, China）

Abstract: The essence of regional collaborative innovation network is a collection of complex relationships formed by talent aggregation. According to analyzing systematically the relationship between the effect of talent aggregation and regional collaborative innovation network, the model of regional collaborative innovation network based on the effect of talent aggregation is proposed. Taking for Shanxi province for example, based on the method of social network analysis, the regional collaborative innovation network based on the effect of talent aggregation is constructed. And on this basis, analysis of whole network and classified network have been carried out. The results show that, in the regional collaborative innovation network based on the effect of talent aggregation, compared to the whole network, the density of government, universities and enterprises is higher, while the density of scientific research institutes is lower. The relationship between innovation subjects have been weaken. As for research and applied collaborative Innovation networks, the main innovation subjects generally present vertical and encircling distribution, and the cohesive force of talent aggregation is obviously insufficient. The above research results can further improve the theoretical system of regional collaborative innovation network, and provide reference for relevant policy formulation.

Keywords: talent aggregation effect; region; collaborative innovation network; social network analysis

一、引言

在激烈的市场竞争中，协同创新具有复杂性与融合性，使得协同创新网络逐渐成为区域科技创新的重要载体[1]。人才作为协同创新网络中的特殊创新要素，具有资本含量高、经济创造力强等特征，因而其聚集程度是影响区域经济增长的关键性因素[2]。人才聚集产生的效应并非直接作用于区域经济发展，而是在复杂的区域协同创新网络中通过人才流动与共享形成知识融合，并进一步实现科技创新[3,4]。

国内外学者围绕区域协同创新领域进行了一定的研究，主要包括以下两个方面。网络结构模式方面，许彩侠等构建了"四位一体"协同创新网络[5]；张协奎等提出了技术联动、产业转移、功能定位的协同创新模式[6]；Wang等研究了基于复杂网络的区域协同创新网络功能模型[7]；汤云刚等进行了协同创新网络结构鲁棒分析[8]；苏屹等建立了基于结构、功能与信息三维视角的评价模型[9]；Lyytinen提出了项目创新、部落创新、联合创新以及无政府创新等基本创新类型[10]。同时，部分学者围绕网络运行机理方面进行了相关研究，解雪梅等基于知识吸收能力研究了协同创新网络特征[11]；张红宇等进行了区域协同创新网络博弈演化研究[12]；Chesbrough提出内部协同管理与外部成果转化是区域协同创新网络形成重点[13]；刘丹、赵炳新等研究了复杂网络环境下协同创新网络的系统构造与影响机理[14, 15]。

区域协同创新网络是区域内创新主体在复杂网络环境中形成的非线性多元集合，其中人才正逐步成为协同创新活动中的关键资源，使得人才聚集效应的作用日益显著。Nieves J等分析得出人才聚集是产品创新的基本前提，能有效提升创新效率[16]。Guthrie等验证了人才聚集效应使得群体激励与群体绩效呈显著正向关系[17]。郭丽芳等研究了科技投入等要素对人才聚集效应的影响机理[18]。芮雪琴等构建了基于DEA-Tobit的人才聚集区域演化模型[19]。

综上所述，当前国内外学者对区域协同创新网络的研究取得了阶段性成果，并对人才聚集效应进行了初步探索，但尚未从人才聚集效应视角对区域协同创新网络进行系统性研究。同时，现有研究对象多为人才发展水平和创新程度较高的东南部地区，以山西省为代表的中西部地区，存在人才配置不匹配、产业结构失衡、经济发展缓慢等特征，使得区域协同创新活动具有一定的复杂性与特殊性，已有研究成果难以有效解决上述区域性问题。

有鉴于此，本书基于人才聚集效应视角研究了区域协同创新网络。通过系统性研究人才聚集效应特征与区域协同创新网络的内在机理，提出了人才聚集效应特征与区域协同创新网络关系模型；并以山西省为例，运用社会网络分析，构建了基于人才聚集效应的区域协同创新网络。在此基础上，分类分析了研究型与应用型协同创新网络结构，以期完善区域协同创新网络理论体系，并为相关政策制定提供参考。

二、人才聚集效应与协同创新网络关系分析

（一）人才聚集效应分析

区域中各创新主体的相关人才，在相互沟通和信息共享的基础上，通过知识转让、共同研发等方式，提升其开放和交互力度，产生人才聚集效应，并进一步作用于区域协同创新网络。人才聚集效应在区域协同创新网络中的特征表现多种多样，根据牛冲槐[20]教授对人才聚集效应的分析，本文从创新效应、经济效应、人才成长效应、规模效应、知识溢出效应、信息共享效应、时间效应等大特征分析其与区域协同创新网络的关系。人才聚集效应特征的表现方式不同，在区域协同创新网络中会体现出不同的创新效果。具体表现见表附录4-1所示。

表附录 4-1 人才聚集效应特征理论分析

人才聚集效应特征	理论依据	表现方式	关注焦点	协同创新网络效果体现
创新效应	创新理论	创新成果形成与应用	创新成果风险降低	创新累积优势
经济效应	成本效益理论	消除障碍、降低成本	低成本高效益	经济性
人才成长效应	干中学理论	集体学习	人才知识累聚	个体创新能力提升
规模效应	规模经济理论	更多学习、就业机会	加总效应	知识积累、经济效益提升
知识溢出效应	知识转移理论	显性知识自由流动 隐性知识互动共享	互惠与信任	多元知识传播渠道
信息共享效应	资源共享理论	无时空障碍	行动一致性	无障碍沟通交流
时间效应	时间价值理论	共同合作研发时点	时效性	网络结构洞变化

区域协同创新网络的运行是通过对信息、知识、技术、人才、资金以及政策等资源要素的高效运作和有效整合，使企业（创新资源投入和技术开发的主力军，技术产业化的实践者）、高校、政府（创新网络组织者和协调者）和科研机构（创新的原动力，知识和技术的重要提供者）等网络节点在相互作用、相互激发中实现良好的组合和运作，各尽所能，各司其职，从而取得 1+1＞2 的协同创新效应。

（二）人才聚集效应与区域协同创新网络关系模型

在人才聚集效应的影响下，多个网络行动者节点在通过中介机构、金融机构连接形成的资源平台上，通过信息共享、成果转化等行为互动，实现各节点的协同创新效应最大化，推动区域协同创新能力提升。反过来，区域创新能力的提升会通过影响区域经济发展，进一步吸引更高层次人才会聚，从而形成新的、更高水平的人才聚集效应。因此，人才聚集与协同创新网络间相互作用、互相影响，共同形成有效互动、良性循环的有机演进过程，具体如图附录 4–1 所示。

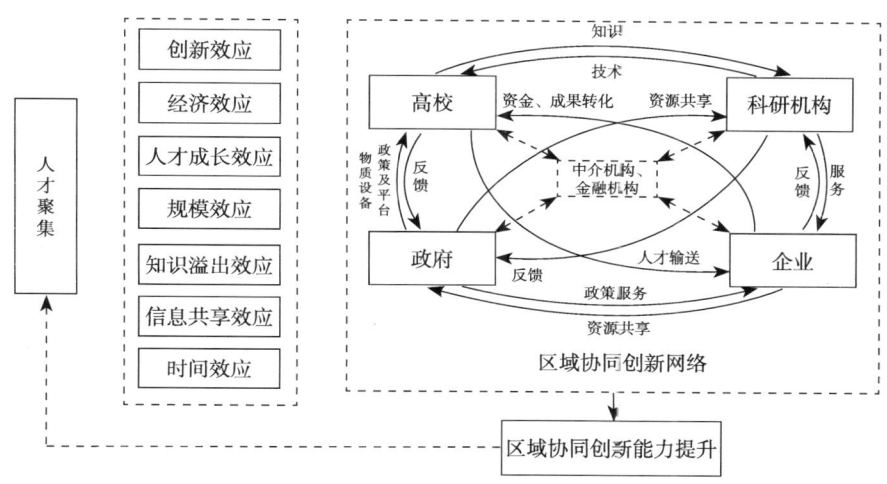

图附录 4–1　基于人才聚集效应的区域协同创新网络关系模型

三、基于人才聚集效应的区域协同创新网络构建及分析

（一）协同创新网络构建

由区域协同创新网络关系模型可知：人才聚集通过其实现的效应特征作用于区域创新过程，并在创新过程中形成创新成果，进而作用于区域经济发展。

因此，本研究在协同创新网络行动者的选择过程中，主要考虑协同创新主体间以人才交流互动为主的合作创新活动。

1. 协同创新网络行动者选择

因中介机构、金融机构在本文研究中仅作为资源平台提供者分析，故行动者选取不予考虑。鉴于解释力度、全面性、数据可取性等因素，本文以山西省创新主体为例，选取11个地级市，18所高等学校，29所科研机构，38家企业作为行动者（见表附录4-2）来构建区域协同创新网络，并对其网络结构进行分析。

表附录4-2 协同创新网络构成及行动者编号

类别	行动者编号
政府（11个）	1 太原（TY）；2 大同（DT）；3 朔州（SZ）；4 忻州（XZ）；5 晋中（JZ）；6 阳泉（YQ）；7 吕梁（LL）；8 长治（CZ）；9 临汾（LF）；10 晋城（JC）；11 运城（YC）
高校（18所）	12 太原理工大学（TYUT）；13 山西大学（SXU）；14 山西财经大学（SXUFE）；15 中北大学（NUC）；16 山西农业大学（SXAU）；17 太原科技大学（TYUST）；18 山西师范大学（SXNU）；19 山西医科大学（SMU）；20 太原工业学院（TYIT）；21 山西大同大学（DTU）；22 晋中学院（JZU）；23 山西中医学院（SXTCM）；24 太原师范学院（TYNU）；25 长治学院（CZC）；26 运城学院（YCU）；27 吕梁学院（LLU）；28 忻州师范学院（XZTU）；29 长治医学院（CZMC）
科研机构（29所）	30 中国科学院山西煤炭化学研究所（SXICC）；31 山西省化学工业研究所（SXHHY）；32 山西省应用化学研究所（SXIAC）；33 山西省建筑科学研究院（SXSJKY）；34 山西省生物研究所（SXSWS）；35 山西省药物研究所（SXMI）；36 山西省医药与生命科学研究院（SXIML）；37 煤炭科学研究总院太原分院（TYCCRI）；38 中国日用化学工业研究院（RIDCI）；39 中国移动通信第七研究所（NO.7CM）；40 山西省气象科学研究所（SXMI）；41 太原铁路局科学技术研究所（TYRIT）；42 中国兵器工业集团第七研究所（NO.7COII）；43 中国辐射防护研究院（CIRP）

续表

类别	行动者编号
科研机构 （29所）	44 中国电子科技集团公司第三十三研究所（CETC）； 45 中国电子科技集团公司第二研究所（ERSUO）；46 北方自动控制技术研究所（NACI）； 47 核工业第七研究设计院（NO.7NDI）；48 山西省机电设计研究院（SXMEDI）； 49 山西省电子科学研究院（SXEI）；50 山西省自动化研究所（SXAI）； 51 山西省冶金工业研究所（SXMII）；52 山西省玻璃陶瓷研究所（SXGCI）； 53 山西省食品工业研究所（SXFII）；54 山西省交通科学研究院（SXTI）； 55 山西省印刷技术研究院（SXPTI）；56 山西省粮油科学研究所（SXGOI）； 57 山西省艺术科学研究所（SXYKS）；58 山西五一八研究所（CASC）
企业 （38家）	59 山西东杰智能物流装备股份有限公司（SXDJ）；60 晋西车轴股份有限公司（JXCZ）； 61 跨境通宝电子商务股份有限公司（KJTB）；62 山西同德化工股份有限公司（SXTD）； 63 山西潞安环保能源开发股份有限公司（SXLA）；64 阳煤化工股份有限公司（YMHG）； 65 山西通宝能源股份有限公司（SXTB）；66 山西安泰集团股份有限公司（SXAT）； 67 山西仟源医药集团股份有限公司（SXQY）；68 阳泉煤业（集团）股份有限公司（YQMY）； 69 永泰能源股份有限公司（YTNY）；70 山西太钢不锈钢股份有限公司（SXTG）； 71 太原双塔刚玉股份有限公司（TYST）；72 太原重工股份有限公司（TYZG）； 73 亚宝药业集团股份有限公司（YBYY）；74 山西永东化工股份有限公司（SXYD）； 75 山西振东制药股份有限公司（SXZD）；76 太原煤气化股份有限公司（TYMQ）； 77 山西兰花科技创业股份有限公司（SXLH）；78 五矿稀土股份有限公司（WKXT）； 79 山西美锦能源股份有限公司（SXMJ）；80 南风化工集团股份有限公司（NFHG）； 81 大秦铁路股份有限公司（DQTL）；82 山西杏花村汾酒厂股份有限公司（SXXHC）； 83 盛和资源控股股份有限公司（SHZY）；84 山西广和山水文化传播股份有限公司（SXGH）； 85 大同煤业股份有限公司（DTMY）；86 振兴生化股份有限公司（ZXSH）； 87 山西西山煤电股份有限公司（XSMD）；88 山西省国新能源股份有限公司（GXNY）； 89 山煤国际能源集团股份有限公司（SMGJ）；90 当代东方投资股份有限公司（DDDF）； 91 山西三维集团股份有限公司（SXSW）；92 山西证券股份有限公司（SXZQ）； 93 太原狮头水泥股份有限公司（TYST）；94 山西焦化股份有限公司（SXJH）； 95 山西漳泽电力股份有限公司（SXZZ）；96 太原化工股份有限公司（TYHG）

注：本表内容排序：序号+创新主体名称（创新主体简称）。

2. 数据分析与处理

本研究收集了山西省各地级市政府、高等院校、科研机构和企业有关基于人才聚集的区域协同创新的数据、资料。

在进行统计分析过程中，如果网络主体间存在以人才交流互动为核心的合作创新、资金扶持、校企合作、技术及知识互动、共同研发等关系，则在关系矩阵的相应位置记"1"，若不存在上述关系则在关系矩阵相应位置记"0"，得到山西省区域协同创新关系矩阵，将其输入 Ucinet 软件，利用 Netdraw 工具绘制出山西省协同创新网络关系，如图附录 4–2 所示。

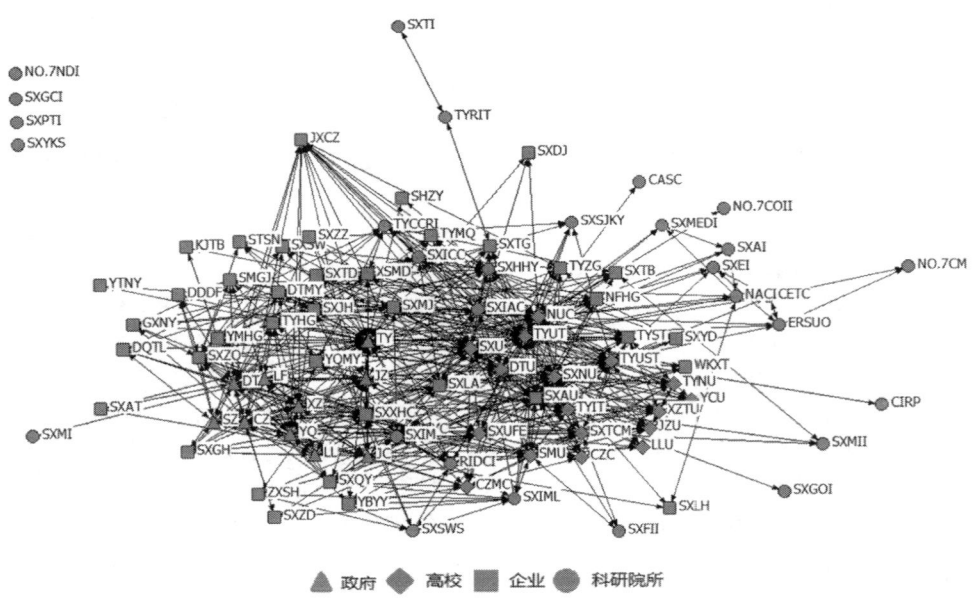

图附录 4–2　山西省协同创新网络关系

(二)协同创新网络分析

1. 整体网络分析

从网络密度、网络中心势、网络平均距离和基于距离的凝聚力指数四方面分析上述协同创新网络结构,结果见表附录4-3。

表附录4-3 整体网络分析结果

网络密度(%)	网络中心势(%)	网络平均距离	基于距离的凝聚力指数(%)
14.8	13.63	1.872	56.5

表附录4-3中基于人才聚集的山西省协同创新网络的密度为0.148,表明山西省协同创新网络中14.8%的人才聚集协同关系在现实中存在;协同创新网络中心势为13.63%,表明该网络仅在13.63%的程度上接近于一个绝对中心化的星形网络,人才聚集的中心化程度低,整个网络关系处于较弱的集中水平;网络平均距离为1.872,基于该平均距离的人才凝聚力指数为56.5%,说明网络最弱途径的距离为1.872,在56.5%的程度上各创新主体人才之间接近于均直接联系的完全网络。在创新实践中,由于不同创新主体的人才在协同创新过程中所处的领域不同、追求的目标不同、共同研发的动力不足,从而导致整体协同创新网络关系较弱、网络中心势较低。

分别对政府、高校、科研机构、企业做独立的网络密度测度,充分说明山西省协同创新现状,详见表附录4-4。

表附录 4–4 各协同创新主体间联系

	政府之间	高校之间	科研机构之间	企业之间
各产业主体间网络密度	1.0000	0.6144	0.0443	0.5253

从表附录 4–4 可以看出：政府与政府之间基于人才聚集效应的区域协同创新网络密度不仅较大程度高于其他创新主体网络密度，而且高于整体网络密度 0.148。可见，山西省各地级市政府较为重视与各创新主体间人才的交流与合作，致力于促进地域创新能力的提高，是协同创新网络中的关键性主体；高校和企业各创新主体间的网络密度分别 0.6144、0.5253，均高于整体网络密度。而科研机构之间的创新网络密度仅为 0.0443，低于整体网络密度。与政府的重视程度相比，科研机构之间的创新协同弱化了整个网络创新主体间协同创新的联系。

2. 网络结构洞分析

结构洞分析表明社群中成员越是居于网络的核心位置，它的结构洞就越多，网络限制就越小，就越能够获得信息利益和控制利益，比其他成员更具竞争优势，其判断标准是有效规模、效率、网络约束系数以及等级度[4]。有效规模可以测算节点的整体影响力，这个指标可以在一定程度上定量地衡量结构洞节点的重要性；效率是用来描述某一节点对网络中其他相关节点的影响程度，处于结构洞中的节点的效率一般比较大；网络约束系数以节点对其他节点的依赖程度作为评价标准，数值越大，约束性越强，依赖性越强，则能力越小，跨越结构洞的可能性就越小；等级度可以刻画结构洞节点的部分特征，表示限制性围绕着一个行动者展开的程度，等级度越高，说明该点越居于网络的核心位置。

由于整体网络密度值为 0.148，说明山西省基于人才聚集效应的协同创新网络各创新主体之间联系不够紧密，交流不够频繁，在整个社群中存在部分成员占据的结构洞,有着利用结构洞优势的可能。通过对网络中的 96 个创新主体进行结构洞相关分析,得到结果如图附录 4-3 至图附录 4-6 所示。

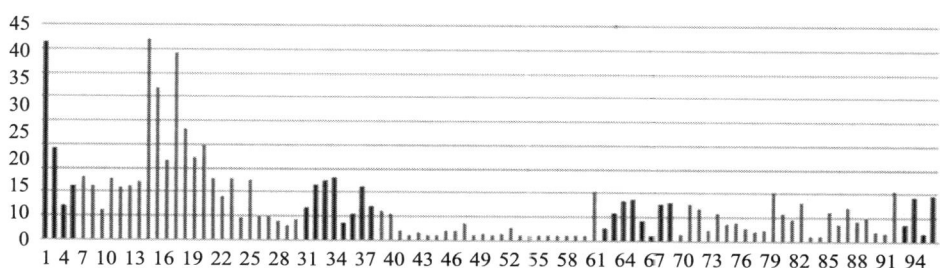

图附录 4-3　有效规模

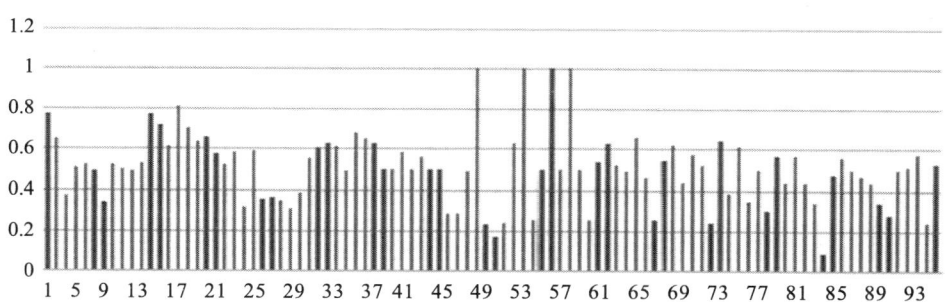

图附录 4-4　效率

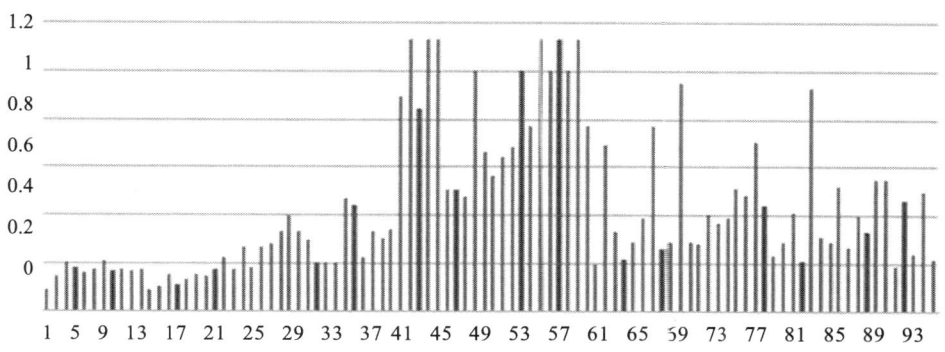

图附录 4-5　网络约束系数

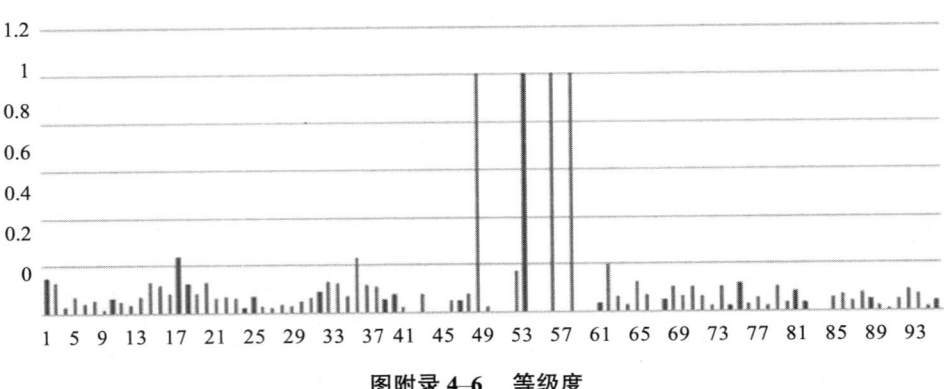

图附录 4-6　等级度

由分析图附录 4-3 至图附录 4-6 可以看出，太原理工大学的有效规模数值最高，是 41.729；其次是太原，为 41.038。可见，太原市作为山西省省会城市，同时拥有一批国家重点建设的高等学校，而太原理工大学作为山西唯一一所"211 工程"重点建设大学，人才资源高度集中性、政策倾向性与学术创新能力均在全省居于首要地位，是山西省协同创新网络构建的重要组成部分。太原和太原理工大学的效率指标较高，分别是 0.774 和 0.773，说明二者对该社群其他成员的影响较大。山西省气象科学研究所、中国兵器工业集团第七研究所、中国辐射防护研究院等部分研究院所的网络约束系数值最大，是 1.125；而太原理工大学和太原的指标较低，分别是 0.084 和 0.086。由于气象、兵器、辐射等都属于专业性很高的研究领域，其创新能力受所需要的技术以及人才特殊性影响而表现较低。山西省电子科学研究院、山西省食品工业研究所、山西省粮油科学研究所和山西省艺术科学研究所的等级度高，电子、食品和艺术研究与企业生产和人才活动密切联系，因而居于协同创新网络的核心地位。

四、分类视角下的协同创新网络构建及分析

从上述基于人才聚集效应的山西省区域协同创新网络可以看出，政府、高校、科研机构、企业四大创新主体在协同创新整体网络结构中的关系表现不均衡，因此有必要对其局部关系做进一步量化分析。而从创新主体在协同创新中发挥的作用来看，人们通常把无企业实体成果转化的创新称为研究型创新，而把高校及科研机构（从创新成果的形成和转化角度来看，高校和科研机构可以归为一类创新主体，即高校及科研机构）与企业之间包含研究与成果转化的创新称为应用型创新，因而，本文从政府、高校及科研机构和企业、高校及科研机构两方面构建协同创新网络，分析研究型与应用型协同创新网络结构状况。

（一）研究型协同创新网络分析

研究型协同创新网络关系如图附录 4-7 所示。

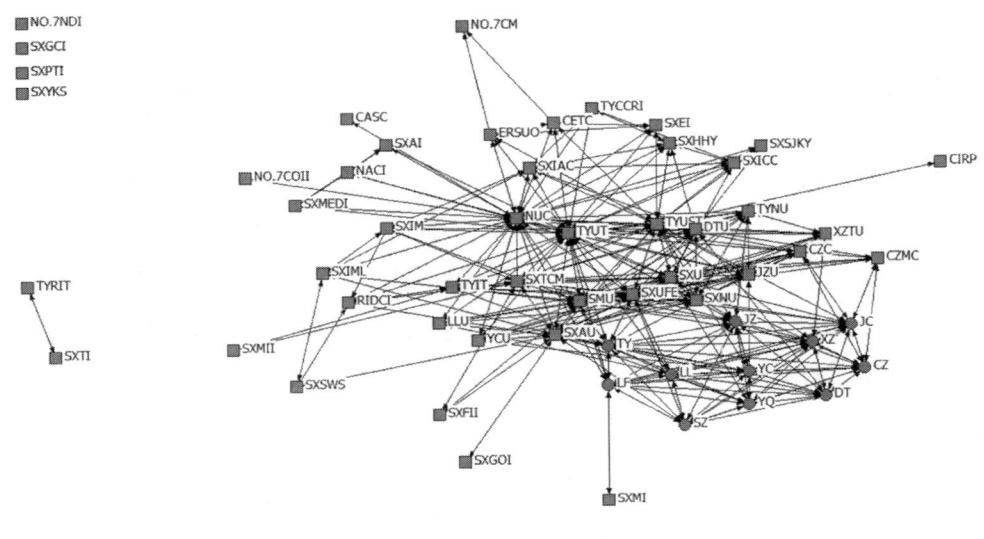

图附录 4-7　研究型协同创新网络关系

网络特征值测试结果如表附录 4-5。

表附录 4-5　网络特征值测试结果

创新主体	网络密度（%）	网络中心势（%）	网络平均距离	基于距离的凝聚力指数（%）
政府、高校及科研机构	16.27	15.43	2.013	44.7

从表附录 4-5 中可以看出，网络密度为 16.27%。这说明有 16.27% 的基于人才聚集效应的区域协同创新联系在现实中存在，这个密度高于政府、企业、高校及科研机构的整体协同创新网络密度，说明这两类创新主体的人才间存在一定程度的协同创新关系，协同创新已经取得了一些成效；网络的中心势是

15.43%,意味着该网络在15.43%的程度上接近于一个绝对中心化的星形网络,人才聚集的中心化程度较低;网络的平均距离是2.013,基于该平均距离的凝聚力指数为44.7%。该网络的凝聚力指数低于整体网络凝聚力指数,两类创新主体大致呈现对立式分布。在创新实践中,政府对高校及科研机构的支持力度尚显不足、契合内容较少,加之不同创新主体间人才的利益目标不一致,导致研究型协同创新网络中人才的凝聚力明显不足。

(二)应用型协同创新网络分析

应用型协同创新网络关系如图附录4-8所示。

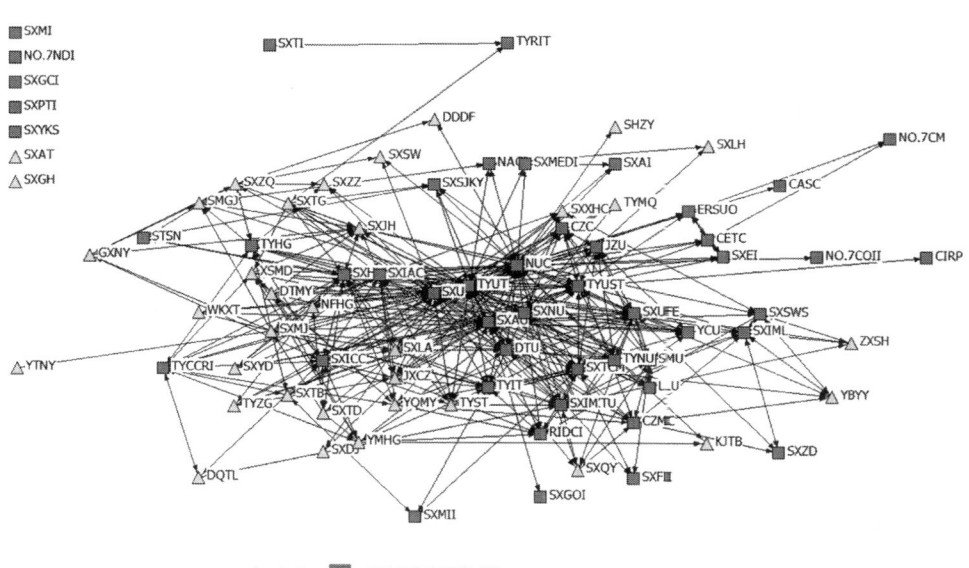

图附录4-8 应用型协同创新网络关系图

网络特征值测试结果见表附录 4-6。

表附录 4-6　网络特征值测试结果

创新主体	网络密度（%）	网络中心势（%）	网络平均距离	基于距离的凝聚力指数（%）
企业、高校及科研机构	12.43	18.68	1.838	55.7

从表附录 4-6 中可以看出，网络密度为 12.43%，说明有 12.43% 的基于人才聚集效应的协同创新联系在现实中存在。这个密度低于政府、高校及科研机构及企业的整体协同创新网络密度，说明这两类创新主体间的协同创新程度仍然较低，需要通过各方努力获得较大发展。网络中心势是 18.68%，表示该网络在 18.68% 的程度上接近于一个绝对中心化的星形网络，虽然该网络的中心势高于整体协同创新的网络中心势，但是应用型协同创新的整个网络关系仍然处于较弱的集中水平。网络的平均距离是 1.838，基于该平均距离的凝聚力指数为 55.7%，同样低于整体协同创新网络凝聚力指数。两类创新主体大致呈现包围式分布。在创新实践中，由于高校及科研机构与企业在协同创新过程中，人才间的合作深度不够、合作层次不高，信息未充分共享，知识溢出率低等原因，导致应用型协同创新网络的人才凝聚力不足。

（三）研究型与应用型协同创新网络与整体网络特征值比较分析

通过对比发现，研究型协同创新网络密度和平均距离大于整体协同创新网络特征值，应用型协同创新网络结论相反；而二者的网络中心势均大于整体协同创新网络特征值，凝聚力均小于整体协同创新网络特征值（见表附录4-7）。这表明，与整体网络相比较，研究型协同创新网络中政府与高校及科研机构关联度较高，而应用型协同创新网络中企业与高校及科研机构的集中水平较高。

表附录4-7 协同创新网络特征值比较

网络类别	整体协同创新网络	研究型协同创新网络	应用型协同创新网络
网络密度	14.8	16.27	12.43
网络中心势	13.63	15.43	18.68
网络平均距离	1.872	2.013	1.838
基于距离的凝聚力指数（%）	56.5	44.7	55.7

五、主要结论与建议

本文通过定量分析，发现基于人才聚集效应的山西省区域协同创新网络的协同关系在现实中存在。首先，从整体协同创新网络来看，整个网络关系处于较弱的集中水平，人才聚集的中心化程度较低。其次，太原市政府、太原理工大学是区域人才资源聚集的核心地，人才交流与互动频繁，因而拥有较多的结构洞，是其他主体联系的"黄金中介"，处于山西省协同创新网络的核心地位；其他创新主体间紧密度则有待加强。再次，研究型协同创新网络中，创新主体间的人才交流与互动呈现的对立式分布表明，政府对高校及科研机构协同创新的支持力度尚显不足、契合内容较少，人才成长效应和规模效应未充分体现。最后，应用型协同创新网络中，创新主体间人才交流与互动呈现的包围式分布表明，高校及科研机构科研成果转化率较低，人才间的合作深度不够、合作层次不高，信息未充分共享，知识溢出率低，发展前景不明朗，部分企业在不同利益追求下，尚未与其他创新主体形成紧密合作关系，区域创新效应和经济效应未实现最大化。

基于以上分析，在结合山西省及其他中西部地区人才资源和协同创新发展现状基础上，相关部门可以制定相应的政策措施以促进人才聚集效应在区域协同创新网络中的作用，主要包括以下三个方面：一是政府应制定柔性人才管理政策，建立多主体共同参与的人才共享平台，促进人才聚集规模效应、人才成长效应的产生，充分发挥其在协同创新网络关系中的主导作用；二是高校与科研机构应健全人才协同机制，充分发挥自身学科优势，促进人才聚集的信息共享效应、知识溢出效应的产生与提升，实现其在协同创新过程中的网络连接作用；三是企业应优化人才聚集模式，积极引进和培育科技创新复合型人才，提升人才聚集的知识溢出效应、时间效应，最终实现其经济效应，进而增强其在协同创新网络中的知识与技术的承接作用。与此同时，各协同创新主体应在提高人才资源协同创新意识的基础上，加强科技人员的知识素质培养，尽最大可能促使政府、高校和科研机构、企业组建全方位、立体式的协同创新网络，形成人才、资源、技术在协同创新过程中良性循环的"无形市场"，弱化科技成果转化的时滞性，最大限度实现创新成果的经济效应。

参考文献

[1] 陈劲，阳银娟，2012. 协同创新的理论基础与内涵 [J]. 科学学研究，30（2）：161–164.
Chen Jin, Yang Yinjuan, 2012. Theoretical basis and content for collaborative innovation [J]. Studies in Science of Science, 30（2）：161–164.

[2] 戚涌，王静，2015. 基于社会网络分析的产学研协同创新网络研究 [J]. 中国科技论坛

（11）：11–17.

Qi Yong, Wang Jing, 2015. Industry-University-Research institute collaborative innovation networks based on social network analysis [J]. Forum on Science and Technology in China（11）：11–17.

[3] 周立军，何自力，2009. 技术创新网络的运行研究——基于知识、学习和社会资本的综合运行框架 [J]. 情报杂志，28（3）：71–74.

Zhou Lijun, He Zili, 2009. Research on the operation of technological innovation networks-a compressive frame based on the knowledge, learning and social capital [J]. Journal of Intelligence, 28（3）：71–74.

[4] 高丽娜，蒋伏心，熊季霞，2014. 区域协同创新的形成机理及空间特性 [J]. 工业技术经济（3）：25–32.

Gao Lina, Jiang Fuxin, Xiong Jixia, 2014. Study on the formation mechanism and spatial characteristics of regional cooperative innovation [J]. Journal of Industrial Technological Economics（3）：25–32.

[5] 许彩侠，2012. 区域协同创新机制研究——基于创新驿站的再思考 [J]. 科研管理，33（5）：20–55.

Xu Caixia, 2012. The regional collaborative innovation mechanism—The rethinking based on innovation relay center [J]. Science Research Management, 33（5）：20–55.

[6] 张协奎，林冠群，陈伟清，2015. 促进区域协同创新的模式与策略思考——以广西北部湾经济区为例 [J]. 管理世界（10）：174–175.

Zhang Xiekui, Lin Guanqun, Chen Weiqing, 2015. Promoting regional synergy innovation mode and strategic thinking—Take GuangXi beibu gulf economic zone as an example [J]. Management World（10）：174–175.

[7] Wang K., Sun D, 2016. An Evolutionary Algorithm of the Regional Collaborative Innovation Based on Complex Network [J]. Discrete Dynamics in Nature and Society,（183）：1–10.

[8] 汤云刚，廖皓杰，2016. 区域协同创新网络结构的鲁棒性研究 [J]. 价值工程，35（4）：

81–83.

Tang Yungang, Liao Haojie, 2016. On the robustness of regional collaborative innovation network structure [J]. Value Engineering, 35（4）: 81–83.

[9] 苏屹, 段玉, 2015. 企业与科研机构合作网络的复杂性评价——以黑龙江省为例 [J]. 系统工程理论与实践（7）: 1834–1846.

Su Yi, Duan Yu, 2015. Complexity evaluation of the enterprise and research institutes' collaboration network [J]. Systems Engineering-Theory & Practice（7）: 1834–1846.

[10] Lyytinen K, Yoo Y, Boland Jr R J, 2016. Digital product innovation within four classes of innovation networks [J]. Information Systems Journal, 26（1）: 47–75.

[11] 解学梅, 左蕾蕾, 2013. 企业协同创新网络特征与创新绩效：基于知识吸收能力的中介效应研究 [J]. 南开管理评论, 16（3）: 47–56.

Xie Xuemei, Zuo Leilei, 2013. Characteristics of Collaborative Innovation Networks and Innovation Performance of Firms: The Mediating Effect of Knowledge Absorptive Capacity [J]. Nankai Business Review, 16（3）: 47–56.

[12] 张红宇, 蒋玉石, 杨力, 等, 2016. 区域创新网络中的交互学习与信任演化研究 [J]. 管理世界（3）: 170–171.

Zhang Hongyu, Yang Yushi, Yang Li, 2016. Study on interactive learning and trust evolution in regional innovation networks [J]. Management World（3）: 170–171.

[13] Chesbrough H, 2017. The Future of Open Innovation: The future of open innovation is more extensive, more collaborative, and more engaged with a wider variety of participants [J]. Research-Technology Management, 60（1）: 35–38.

[14] 刘丹, 闫长乐, 2013. 协同创新网络结构与机理研究 [J]. 管理世界（12）: 1–4.

Liu Dan, Yan Changle, 2013. Research on the structure and mechanism of collaborative innovation network [J]. Management World（12）: 1–4.

[15] 赵炳新, 杜培林, 肖雯雯, 等, 2016. 产业集群的核结构与指标体系 [J]. 系统工程理论与实践（1）: 55–62.

Zhao Bingxin, Du Peilin, Xiao Wenwen, etc, 2016. Industrial cluster core structure and its index system [J]. Systems Engineering–Theory & Practice (1): 55–62.

[16] Nieves J, Quintana A, Osorio J, 2016. Organizational knowledge and collaborative human resource practices as determinants of innovation [J]. Knowledge Management Research & Practice, 14 (3): 237–245.

[17] Guthrie J P, Hollenbe E C. 2004. Group Incentives and Performance: A Study Spontaneous Goal Setting, Goal Choice and Commitment [J]. Journal of Management., 30 (2): 263–284.

[18] 郭丽芳，杨彦超，牛冲槐，2011. 山西省科技投入对科技型人才聚集效应的影响研究 [J]. 科技进步与对策，28（5）：49–53.

Guo Lifang, Yang Yanchao, Niu Chonghuai, 2011. Research on the impacts of science and technology investment on the aggregation effect of technological talent in ShanXi [J]. Science & Technology Progress and Policy, 28 (5): 49–53.

[19] 芮雪琴，李亚男，牛冲槐，2015. 科技人才聚集的区域演化对区域创新效率的影响 [J]. 中国科技论坛（12）：126–131.

Rui Xueqin, Li Yanan, Niu Chonghuai, 2015. Influence of regional evolutionary trend of chinese technological talent accumulation to regional innovation efficiency [J]. Forum on Science and Technology in China (12): 126–131.

[20] 牛冲槐，接民，张敏，等，2006. 人才聚集效应及其评判 [J]. 中国软科学（4）：118–123.

Niu Chonghuai, Jie Min, Zhan Min, etc, 2006. The effect of talent accumulation and the assessment of it [J]. China Soft Science (4): 118–123.

后 记

经过多年的努力，我一边工作，一边学习，终于完成了本专著内容。回望来时路，有阳光也有风雨，有芳草也有荆棘，有山重水复的绝望，也有柳暗花明的欣喜。这一路走来，使我深刻认识到，一项研究成果的完成，非一日之功，也非一人之力，它融入了我的老师、同事、挚友、学生的心血和汗水，是他们给了我无尽的支持和鼓励，使我能最终冲破重重阻隔，完成学业及艰难的研究工作，谨以此书向他们致敬、致谢！

感谢我的导师朱先奇教授在博士论文写作过程中对我的指导和帮助。能做朱老师的学生是我的荣幸，老师宽广的视野、敏锐的洞察力、认真细致的工作态度和一丝不苟的敬业精神是我毕生学习的楷模。在此，对导师对我的精心指导与信任支持表示最崇高的敬意和最衷心的感谢！

感谢太原理工大学经济管理学院牛冲槐教授。本研究从选题到最终定稿，每个环节牛老师都提出了宝贵的意见；感谢太原理工大学经济管理学院刘卉老师在本专著写作中所做的大量基础性工作，使我的研究能够建立在坚实的理论基础之上；感谢太原理工大学经济管理学院陈怀超、马家齐、张永胜、姚西龙、刘玎琳、张美丽等老师在研究过程中给我的建议和帮助；感谢太原理工大学经济管理学院会计系的同仁一直以来对我的体谅和理解；感谢我的同事兼挚友郭丽芳、张敏翠、李秋霞、杨春艳、张晶在我学业和生活上的关怀和帮助；感谢我的学生对本研究所做的大量检查和校对工作。

良药苦口利于病，忠言逆耳利于行。衷心感谢各位专家评委给予学生的中肯建议。感谢太原理工大学经济管理学院提供这样一个可贵的平台，允许我在此工作并完成自己的研究。

感谢我的家人一直以来的支持和陪伴，感谢所有关心和帮助过我的老师同学和亲朋好友，你们的支持是我学习和工作的最大动力和助力。谢谢你们在我求学与工作期间的理解和奉献，使我能安心完成研究工作。

最后，感谢知识产权出版社的于晓菲编辑。感谢她的耐心等待及为本书的出版所付出的辛苦和努力。

王 聪

2017 年 11 月于龙城太原